智本论

007 ▶

智本论·大城楼市

智本社 —— 著

中国经济出版社
CHINA ECONOMIC PUBLISHING HOUSE
北京

图书在版编目（CIP）数据

大城楼市／智本社著．-- 北京：中国经济出版社，
2024.1

（智本论）

ISBN 978-7-5136-7565-9

Ⅰ.①大… Ⅱ.①智… Ⅲ.①房地产市场－研究－中国 Ⅳ.① F299.233

中国国家版本馆 CIP 数据核字（2023）第 213722 号

责任编辑 张梦初 高 鑫 戴 瑛

责任印制 马小宾

封面设计 卓义云天

出版发行 中国经济出版社

印 刷 者 北京富泰印刷有限责任公司

经 销 者 各地新华书店

开　　本 710mm × 1000mm　1/16

印　　张 14.75

字　　数 200 千字

版　　次 2024 年 1 月第 1 版

印　　次 2024 年 1 月第 1 次

定　　价 65.00 元

广告经营许可证 京西工商广字第 8179 号

中国经济出版社 **网址** www.economyph.com **社址** 北京市东城区安定门外大街 58 号 **邮编** 100011

本版图书如存在印装质量问题，请与本社销售中心联系调换（联系电话：010-57512564）

序：追问

在这个时代，提出一个好问题比解惑更为珍贵。

2008 年以来，我们经历了什么？金融危机、债务危机、政治民粹运动、经贸摩擦及逆向全球化、新冠疫情大流行、史诗级股灾、供应链危机、生育率断崖式下降及人口危机、国家冲突及战争、能源危机、粮食危机、国际秩序崩坏……世界，正滑入“马尔萨斯陷阱”吗？

每一个大问题都关系到人类的前途和个人的处境。但是，现代人追问能力的退化及网络传播下信息的泛滥，让问题变得复杂与神秘。

金融危机为何爆发，是美联储加息所致还是降息所致？是格林斯潘的问题还是美联储的问题？是美联储的政策问题还是制度问题？是监督制度问题还是全球央行及法定货币制度问题？全球央行及法定货币制度问题的本质又是什么？货币理论是否有问题？

显然，后危机时代，我们并未深刻认识到这些问题，以致金融体系不可挽回地恶化，货币沦为“公地悲剧”。集体行动如何避免“公地悲剧”？国家组织扮演了进步角色还是成为始作俑者？国家为何陷入“诺斯悖论”？

法国大革命后，民族主权国家成为人类进步的重要力量，国家现代化已是大势所趋。在全球化时代，民族主权国家与经济全球化是否会产生矛盾？当下，国家冲突是否与这一矛盾有关？全球一体化的认知是否有误？未来，国家组织如何演变？

为何有些国家经济增长快，有些国家则陷入停滞？为何有些国家的经济增长快但家庭财富却增长慢？这种经济增长模式是否可持续？当货币增速长期大于经济增速时，经济将走向何方？当经济增速长期大于家庭收入增速时，经济又将如何演变？

贫富分化是这个时代不可回避的问题。贫富差距的原因是什么？何处存在正当性和不正当性？货币政策是否加剧了不平等？福利主义是否破坏了公平竞争？

人口危机又是一大社会焦虑。生育率下降的合理因素是什么？

生育是否是必需品？额外因素是否增加了生育成本？老龄化的问题是养老问题、增长问题还是制度问题？通货膨胀、公共养老制度是否恶化了养老问题？

困惑，亦是我写下百万字且继续写作的动力。长期以来，我追问的线索是经济学的思维，即个人经济行为。不过，经济学“埋雷”无数，同样需要不停地追问。

追问不止，笔耕不息。智本社，与思想者同行。

清　和

2022年6月，深圳

前言

近年来，房地产行业下行压力大，随后一系列楼市政策出台救市，房地产行业逐步修复和企稳回升，房地产与城市经济、地方政府财政的相互作用力也在改变。《大城楼市》聚焦于房地产与城市化的核心问题。你是否想过，我们身边的房地产市场会受影响吗？政策又是如何出手救市的？本书将带你一探究竟。

本书包括六个部分，前三部分为“楼市难题”“楼市政策”和“深圳案例”，以房地产危机、楼市政策调整和城市案例三个切面来观察中国的房地产问题。

“楼市难题”的两篇文章通过2021年前后房地产企业出现债务风险来追溯债务危机的触发条件、爆发原因与影响，以及近些年房地产行业的格局变化。除此之外，《该不该救楼市？》一文还从一般性理论角度出发探讨：当发生经济“横灾”、企业破产，政府应不应该出手拯救？

2022—2023年，楼市政策陆续出台。第二部分从房地产行业、居民、财政三个角度分析房地产行业政策，《房地产的“拐点”来了吗？》一文探讨楼市政策和房地产市场前景。《提前还贷与降存量房贷利率》则从“提前还贷潮”的现象分析存量房贷利率调整带来的影响。房产税试点布局已久，《房产税能否替代土地财政？》一文讨论房地产税作为优化地方政府财政结构、缓解债务压力之过渡方案的可行性。

第三部分选取了深圳这一城市来讨论房地产与城市发展如何相互影响。作为国内一线城市，深圳的财政结构健康、政府治理高效，但也存在高房价、教育资源紧张等大城市病。《何谓深圳模式？》一文介绍了深圳所取得的经济成就，同时运用经济学理论解释深圳的持续增长的底层逻辑。随着中国城市化进程加快，一座城市的竞争力、治理能力，也应该有新的衡量角度和指标，《深圳的虚与实》探讨了这一问题。城市的新产业的战略布局也相当重要，《深圳发力新基建》从公共用品这一角度来讨论城市与未来产业发展。

本书的后三个部分为："大家治学""历史观"和"经济思想"。

这一期的"大家治学"重温了19世纪时期的经济学家萨伊的生平及理论。萨伊是经济学史上的一位集大成者，是亚当·斯密经济学思想的坚定传播者。他对斯密的经济学理论进行了体系化、通俗化的再解读，令人耳目一新。他提出的"供给会创造自身的需求"的观点对当代的经济政策具备启发性。

"历史观"这一部分选取了美国、新加坡两个案例。前者回顾了美国房地产由20世纪70年代的证券化到如今的房地产货币化的历程，这种转变也勾勒了美国经济金融化之轨迹。新加坡的组屋、商品房双轨制度是全球范围内较为成功的保障房模式，基本解决了新加坡“居者有其屋”的问题，这与新加坡的地理位置、国家发展有关。

最后，“经济思想”包括两篇文章。德国20世纪的经济学者瓦尔特·欧肯与其创立的弗莱堡学派对德国战后经济体制重构、稳定增长三十年起到了重要作用。《欧肯与〈经济政策的原则〉》一文再读瓦尔特·欧肯及其经济学思想，以及其如何实践于德国经济政策。

另一篇文章《〈读国富论〉：亚当·斯密的继承、开创和遗漏》采用了比较的方式进行文本细读，聚焦当时的历史背景，讨论亚当·斯密经济学思想如何继承前者、有何开创性价值及该如何理解他对当时经济学成果的“遗漏”。

最后，期望读者能够在阅读本书过程中获得知识与乐趣，以经济学的思维思考工作和生活中的现象与问题。本书如有疏漏之处，还望读者给予批评指正。

目录

经济思想

楼市难题

房价的变迁，可能蕴藏着一个戏剧性的故事，但也可成为一个好的经济学研究类目。

房地产的资本化、证券化、货币化也折射出经济的发展变化。在不同经济体中，随着不同程度的革新和动刀，房地产完成了不同的历史使命，最终扮演着体量、规模不一的国民经济角色。

该不该救楼市？

2020年，受新冠疫情的冲击，20多个城市紧急推出楼市“救市”新政。各地救市之急切、行动之迅速、花样之丰富、加杠杆之凶猛，令人眼花缭乱。

本部分以疫情之下的楼市新政为切入点，分析疫情对楼市的冲击，政府该不该救楼市，以及公共政策该如何合理“救市”。

01

疫情对房地产的冲击

对于房地产行业来说，新冠疫情是一次突发的现金流“事故”。

疫情信息公开后，房地产销售、建设、投资及土地拍卖全面停止，房地产的韧性备受考验。疫情中断了房地产企业高周转，导致现金流压力大增及负债率上升。

疫情对楼市的冲击，房地产业增长遇阻事小，终结高周转事大。

近年来，中国房地产已演化为一种高周转、高杠杆的金融项目。

可能很多人不了解高周转对房地产的重要性，可以说高周转是大型开发商的“生命线”。

高周转模式，极限压缩从拿地、建设、销售到资金回笼整个周期的时间。万科最先提出了“5986”高周转模式：拿地5个月动工，9个月销售，第一个月售出8成，6成产品必须是住宅。

后来，因担心施工安全及房屋质量，万科放弃了高周转模式。但是，碧桂园继承了这一模式，并在近些年将其发挥到了极致。

碧桂园的高周转模式被业内称为“456”模式，即拿地4个月开盘，5个月资金回笼，6个月资金再周转。

中国房地产业周转提速，大概从2015年开始。当时，中国刚刚全面启动“供给侧结构性改革”，实施棚改货币化政策，全国房地产进入去产能、去库存、去杠杆的关键阶段。

当时，房地产企业面临一次拉开级别的战略选择。

很多小型房地产商陷入流动性困境，不得不压缩产能，快速“回血”求生。

而中型房地产商和部分地产巨头却采取了相反的策略。中梁、泰禾、阳光城等中型房地产商，纷纷效仿碧桂园的高周转模式，逆势加杠杆，玩转高周转，虎口夺食，狼吞虎咽，试图快速跻身全国性大型房地产企业梯队。

为什么这些房地产商逆势而行？

当时，“跑步进入行业前30，否则死掉”，成为业界的共识。

中型房地产商面临“生与死”的两难选择：要么逐渐收缩，控制成本和现金流，甘愿做地方性房企；要么放大杠杆，快速跻身30强，突破千亿元大关，实现“大而不能倒”。

于是，大型及中型房地产商攻城略地、速战速决，将高周转玩到极致。

根据中国房地产业协会、上海易居房地产研究院发布的“中国房地产开发企业500强”报告，2017年，500强房地产开发企业的存货周转率从0.35骤降至0.16，到2018年又下降至0.13。

3年来，高周转给中国地产业带来什么？

一、中国地产规模快速膨胀，三四线城市价格普涨

房地产，是一个地方性极强的行业，借棚改货币化之势，在三四线城市攻城拔寨，全国房价应声上涨。

例如，2016—2018年，中梁控股销售规模从100亿元跃升为千

亿元，挺进地产20强。

2016—2018年，中梁分别拿到63块、119块、221块地，其中有34块、88块、168块地位于三四线城市。这匹黑马，采用极致高周转模式，攻占三四线城市，被业内称为“三四线城市收割机”。

二、经济杠杆率快速上升，家庭以及房地产企业的负债率快速上升

房地产高周转，本质上是一种金融逻辑。

高周转，相当于快速地将房地产推入金融高速轨道，即用最短的时间、最大的杠杆，把规模做到最大。

为了快速扩大规模，中型房地产商大量采用合作杠杆，使用资管、信托等高成本融资手段。

一般来说，大型房地产企业具有更强的资金实力和信用评级，因此更容易获得较低成本的融资。相比之下，中型企业和小型企业可能面临更多的融资约束和风险。由于规模较小，这些企业可能较难获得低成本的融资，并且对单一项目的依赖度可能更高。因此，中型和小型企业的合作杠杆率相对大型企业要高。

我们还看中梁，中梁的扩张资金主要来自信托、资管——一个叫忠信资本的资本运作平台。2019年中梁招股书数据显示，截至

2018年底，中梁还有109个信托或资产管理计划尚未偿还，总额达到147亿元，约占借款总额的54.5%。

我们再来看这家公司的负债率变化：2015年为1335%，2016年为1790%，2017年为339%，2018年为58%。

犹如过山车般惊心动魄的负债率曲线，说明中梁高周转是一种极端杠杆模式。

这些年，高周转放大了房企的杠杆，加剧了房地产的脆弱性。事实上，2018年以来，银行信贷收紧，地产商融资成本增加，一些中小型房企资金链断裂。

但是，这条负债率曲线也说明，一旦房企拿到"安全门票"，便容易通过传统渠道融资（如银行信贷、股票市场）来降低负债率。

所以，高周转导致房地产市场更加脆弱、债务风险更大。

中国经济杠杆率属于什么水平？

根据国家金融与发展实验室发布的《2019年度宏观杠杆率报告》，2019年，中国政府部门杠杆率为38.3%，居民部门杠杆率为55.8%，非金融企业部门杠杆率为155.7%。

再看土地财政到了什么程度，土地财政依赖度超过100%的城市有广州、武汉、南京、杭州、昆明、南宁、太原、长春。

所以，政府救楼市，表面上是救开发商，其实是防止地方财政恶化和银行违约率上升。

疫情期间，地方政府准许开发商延期缴纳土地出让金，减免房产税、城镇土地使用税；降低信贷门槛，给房企提供信贷支持；开放售楼处，降低预售门槛。

2020年2月19日，苏州发布土地新规，取消现房销售和封顶销售的限制，这其实很明显地在支持高周转，促进房地产商快速“回血”。

在高周转的推动下，每个项目就像接力跑，从拿地到销售，一环套一环，一个项目接一个项目，资金快速滚动。公司利用快速周转的现金流及快速获得的土地，从银行、资管等渠道获得资金。

这就相当于负重快速奔跑过浮桥，是停不下来的，停下来则掉进河里。一旦销售终止或销售快速下降，便使得新项目融资成本高企，同时支付利息的压力巨大。

那么，楼市非救不可吗？

02

到底该不该救楼市？

首先，可以明确的是，面对突发的、复杂的、全球性的疫情，政府必须施以援手。

通常，经济正常波动，政府不需要救市，更不能深度介入市场。但是，这次不一样，因为疫情的突然暴发导致市场中断，这并非正常的经济波动。

疫情暴发初期，疫情信息未能流动，市场没有接收到信息，导致供给系统失灵。疫情信息公开后，政府接管、严控，市场被迫中断，企业猝不及防，打乱了企业主的预期。

政府救市的目的是，修复企业及家庭资产负债表，帮助市场恢复正常的供给系统，帮助企业主重构市场预期及信心。

但是，政府出手，不应该是救楼市，或是救车市，抑或是救任何一个产业、市场或企业，而是一视同仁地“救市”。

什么意思呢?

救助任何一个产业、一个市场或一家企业，都是对市场竞争规则的破坏，对其他企业、竞争对手及个人而言，都是不公平的。

我们习惯站在集体的角度支持救楼市，因为这等于稳增长，等于救经济，等于救每一个人。但是，经济学并不完全支持这一点。

亚当 · 斯密在《国富论》中表达过类似的观点：所谓有益的补贴是有害的——尤其是对比较贫穷的阶层人士来说——其有害程度甚于任何一种对生活必需品的沉重课税。

亚当 · 斯密的追随者、法国经济学家巴斯夏用“看得见的和看不见的”解释得更清楚。

他曾写过一篇反讽文章叫《蜡烛制造商关于禁止太阳光线的陈情书》。这篇文章说，阳光照射在地球上以后，蜡烛工人的工作减少了，所以蜡烛商希望国会议员阻止大家使用阳光。

用国会的力量阻止人们使用阳光，蜡烛销售量更高，利好于蜡烛厂商及工人，这是看得到的。

但是，难以被发现的是，人们使用阳光，不需要这么多蜡烛工人，这些工人也可以做别的工作。只是具体的别的工作，不容易看到。

其实，消费者本来可以免费使用阳光，如今要花钱买蜡烛，这无疑是用消费者的损失来填补蜡烛行业。

巴斯夏认为，国家不能补贴高雅艺术。他的理由是，当国家用纳税人的钱去补贴高雅艺术的时候，那些钱就不能用到别的地方去了，就肯定有人在别的地方受损了。

市场竞争的基本原则是公平竞争。救助了一家犯错误的企业，实际上是在惩罚许多决策正常的企业，其实是破坏了市场规则。

其实，这不是少数人利益、大多数人利益的问题。这里面包含了一个深刻的市场理论，那就是私人契约。

市场竞争的规则，是自由公平竞争，而不是集体决策，甚至不是民主投票。

比如，通过民主投票，即使多数票赞同救楼市或救某家企业，也是违背经济规律的。即使救助某一企业或市场，表面上利好于大多数人，但也是不允许的。因为这样做，短期损害了那些被忽视的少数人的利益（少数人的利益同等重要），长期则不利于所有人的利益（社会福利的损失）。

如果自由竞争诉诸民主规则，其实属于“多数人的暴政”。奥地利学派经济学家哈耶克有一个著名的观点：民主是保障自由的工具，但不是自由竞争的规则。

那么，2008年金融危机爆发后，美联储及联邦财政部救助房利美房地美公司、花旗银行、美国国际集团等又是怎么回事？

这种行为也是违背经济规律的，在美国同样遭受诟病。

这里的核心问题是，货币是私人契约还是公共契约？

当年，美联储的出资人是美国各大私人银行，从出资人的角度来说，它是一家“私人企业”。它成立的目的是为这些出资人（各联储银行，后扩展到投资银行及大型集团）兜底，承担“最后贷款人”的角色，在危机时施以援手。所以，美联储与联储银行之间其实属于私人契约。

但是，美元又是法定货币，具有强制性及国家属性，属于美国国民的公共契约。美联储是一家公共货币发行机构，而不是联储银行的私人企业。

这个公共性质，与前面的私人契约产生了冲突。危机爆发时，美联储陷入两难，如果不施以援手，其实是违背了最初成立的契约，也不符合最后贷款人的定位；如果救助联储银行及大型企业，则侵害了公众利益，相当于用公共资源补贴私人企业。

从根本上讲，经济学家需要反思白芝浩原则，央行作为公共机构，货币作为公共契约，为特定利益群体承担“最后贷款人”的角色，其实是违背市场规则的，即使经济学家一再将这一施救的程序变得更加严谨、“正义”。

货币是市场中唯一的公共合约，剩下的都是私人契约。启用货币手段、财政手段救市，应该“一视同仁”，不宜有针对性地施救。政府干预市场让一些人得利，定然导致另一些人受损，更是破坏了私人契约、市场竞争规则。

所以，任何打着公共利益旗号的救市政策，都值得警惕。

笔者认为，不应该过度刺激楼市。过度刺激楼市，会助长楼市泡沫化，加剧经济的脆弱性和风险。

受疫情冲击，信贷资金流向楼市的闸门在松动，降低首付比的口子打开，这些政策其实是在增加经济杠杆率。

很多人认为，受疫情冲击，楼市若持续萎缩，房企倒闭，最终会导致经济衰退，而政府救楼市，不一定让房价上涨，只是维持市场稳定，初步稳增长。

这种观点是朴素的。刺激楼市会导致负债率上升、泡沫风险更大。可将新冠疫情看作一次非典型的压力测试，在一定程度上能观察国内企业与家庭的资产负债表走到了哪一步。若过度刺激楼市，房地产将进一步吸收中国家庭的现金流，负债率进一步上升，其实是用一个更大的泡沫覆盖原来的泡沫，试图将风险往后推。

所以，于理论于形势，于规律于问题，不可过度刺激楼市。

03

政府应该如何“救市”？

诚然，笔者并不反对救市，正如上文所言，关键在于怎么救，救市的正确方式是什么。

一、救市，重在政府让利

真正的救市，不是救某个产业、某个市场、某家企业，而是重新划分政府与市场之间的利益格局。

为什么这时政府要向市场、国人让利？

企业及国人缴纳大量的税收供养庞大的公共系统，希望出现战争、大萧条、自然灾害时，政府能够动用公共资源及公共权力维持社会及市场的稳定。

疫情之下，政府需要向市场让利，修复企业及家庭的资产负债表。比如，政府大幅减税、降费、降社保，甚至短期内免税、免社保。

中国有大量的国有企业、国有资产，这些规模庞大的国有企业和国有资产肩负的责任包括支撑政府及公共系统运转。

2019年，按全口径统计，中国的宏观税负为35.2%，高于美国的26.3%（泽平宏观）。[①]所谓全口径，除公共财政收入外，还包括政府性基金收入、国有资本经营收入。政府性基金收入主要是土地出让金，国有资本经营收入主要是央企及国企上缴的利润。

因为政府性基金收入、国有资本经营收入这两部分存在，企业及国人上缴的税费则应该大幅下降。只有这样才能降低中国的宏观税负，让利于民。

早在300多年前，古典主义先驱威廉·配第就在其著名的《赋税论》中阐述了这一方法。

威廉·配第在谈到如何才能更好地征税时，提出了另一种办法：

① 任泽平，罗志恒，孙婉莹. 中美税制及税负比较[EB/OL].（2020-02-20）[2023-04-06]. https://mp.weixin.qq.com/s/FV71eiJz7pi0oMV2-duuUw.

从英格兰和威尔士的全部土地中划出约1/6的土地，大约400万英亩，作为国王的领地。国王收取地租，约为200万英镑，作为税收以支持公共开支。

威廉·配第认为，国有地租等同于税收，那么民众就可以免税，或减少纳税。他说，这种方法比较适合新的国家，比如爱尔兰。如果爱尔兰实施这种办法，那么任何在爱尔兰购买土地的人就都不必再缴纳原本英国人所缴纳的税收。

威廉·配第说："如果一个国家平时就把地租的一部分以征收土地税的形式留给国家，而不需要对国民征收临时的或突然的税收，那么，这个国家一定是一个幸福安康的国家。"①

有人会说，政府负债率也在上升，疫情之下政府收入下降，财政没钱怎么办？

盘活央国企国有存量资产不失为一个可行方法。根据财政部与国务院国资委制定的管理办法，中央企业红利的上缴比例为10%；钢铁、运输等一般竞争性企业的上缴比例为5%。若央企利润上缴比例能有所提升，同时划拨国有资产填充社保账户，那么政府财政则更加充裕，更能切实可行地降低企业及个人的税费、社保负担。藏富于民才是抵御经济危机及不确定性灾害的良策。

---

① 威廉·配第. 政治算术[M]. 陈东野，译. 北京：商务印书馆，2014.

二、救市，重在公共用品

政府需要尽可能地将更多的钱还给市场，让市场去支配钱，才能创造更多的财富。

那么，政府手上的钱，该怎么用呢？

是应该发放给高级人才作为住房补贴，还是投入到廉租房建设上？应该给新能源汽车百亿元补贴、给房地产商补贴，还是应该给创业型企业、低收入者免税？

救灾与救市是两回事，干预市场与建设公共用品也是两回事，救灾和提供公共用品是政府的主要责任。公共财政，应该用在公共用品上，而非市场补贴上。

完善的公共用品，有助于我们抵御灾害及风险。这次疫情一个重大的教训是，公共卫生系统建设不足、效率低下。

钟南山院士在2020年2月27日广州市疫情防控保障新闻通气会上回答记者提问时表示，中国疾控中心只是技术部门，地位太低，没有行政权。他还说，SARS（“非典”）之后，很多研究就不搞了，所以这次对于突发疾病，治疗上感到束手无策。

目前，中国有些领域的公共用品投入巨大但效果有限，有些领域的投入不足，比如基础教育。

政府建设公共用品的经济学逻辑是降低市场的交易费用。完善的公共用品及高效的公共服务能最大限度地降低市场交易费用，提升企业的科技水平，提高国人的收入水平，从而更好地抵御不确定性的冲击。

三、救市，重在改革开放

政府让利和公共用品建设的钱，应该来自财政系统，而非银行等金融系统。如果来自金融系统，容易增加债务风险和金融风险，降低施政效率，挤出私人投资。

而真正的救市是深化改革、扩大开放。货币系统的问题，不是数量问题，而是结构问题。

货币系统缺乏独立性，央行服务宏观经济目标，政府刺激经济便找银行。这样，货币闸门守不住，源源不断的资金流入房地产投资，而私人企业融资成本很高。

欧洲央行、澳大利亚央行、加拿大央行、日本央行均实行单一目标制，即以控制通胀率、实现货币价格稳定为货币政策目标。美联储有三个目标：通胀率、就业率及金融稳定。

目标明确，货币政策执行变得公开、透明且有效。通胀抬头时，紧缩货币；通缩时，扩张货币。

理论上，货币政策目标只能服务货币价格稳定本身，不能服务任何宏观经济目标（欧根货币目标优先理论）。通胀率作为单一制目标，其实是抓住了货币的本质。

因此，央行需要明确其政策目标：什么情况下扩张货币，什么情况下紧缩货币，标准是什么。货币作为公共契约，货币政策作为公共政策，任何为了非公共利益的“倾斜”，都可能带来巨大的利益“输送”，导致贫富差距扩大。

货币政策目标只服务货币价格稳定本身（如通胀率），而不服务政府、企业或任何组织的利益，其实就是最大限度地保持央行系统的独立性。

商业银行与地方政府应逐渐独立。

商业银行的信贷存在一定的体制倾向，以及受行政命令的干扰。解决这个问题的最好办法是，打破行政垄断，引入竞争机制。商业银行也好，地方国企也罢，都面临市场竞争，自然向效益看齐。

另外，要逐渐降低利率，进而实现利率市场化。

2008年金融危机后，全球主要国家央行都收紧权力，开发各种结构性工具（如专项贷款、定向降准降息），直接配置货币。其实，货币的调配，还得交给信贷市场，由市场价格（利率）来决定。

中国需要进一步推动利率市场化，利率由市场定价，才能更好地控制货币发行量和配置货币资源。

只有掐住了“钱袋子”，财政过“穷日子”，政府才能告别土地依赖和信贷依赖，进而想办法推动改革，想办法搞好经济，提高税收收入，提高国企经营效率。

这才是深层次的“救市”。

恒大债务危机分析

2021年上半年，恒大在全国各地甩卖房子，导致公司信用坍缩，资产价格暴跌，陷入债务螺旋。

恒大为何陷入债务螺旋？是否会引发系统性风险？中国房地产行业出现了什么问题？

本部分分析恒大债务问题的原因、性质以及房地产行业繁荣背后的问题。

01 偿付性风险和流动性风险

恒大债务风险的性质是什么？

市场倾向于将其定义为偿付性风险，即经营不当引发的市场风险，主要表现为资不抵债。

从结果来看，恒大已经出现了大面积违约债，银行、供应商、理财投资人、购房者等债权人均无法充分兑付。经过近一年的去杠杆，恒大的杠杆积攒在供应商方面，截至2021年，对供应商的债务规模达9000多亿元。由于拖欠供应商账款导致大面积停工，经营性收入枯竭。恒大2021年6月、7月及8月的物业合约销售金额分别为716.3亿元、437.8亿元、380.8亿元，呈加速下滑之势。如果没有额外的流动性输入，经营性收入骤降，恒大的偿付危机会更加严重，引发全国各地项目的房屋交付危机。

从原因上看，恒大的偿付性危机源自其高周转与多元化扩张的失控。

流动性泛滥容易引发市场价格扭曲，企业家错误地以名义价格替代实际价格，进而扩张产能，引发生产结构扭曲。2008年金融危机后，企业家倾向于将资本配置在流动性强的金融产品（金融项目）上，而不是远期投资上。

近年来，恒大向地产之外的汽车、消费品、新媒体、医疗、文化、体育、百货等产业扩张。但是，除了主业外的所有产业几乎都是亏损的。实际上，恒大的产业扩张战略更接近投资金融项目，从而为恒大快速融资。

例如，2014年11月恒大地产以9.5亿港元收购杨受成旗下的新传媒74.99%的股份。恒大这么做的目的是买壳上市。在交易之前，杨受成的英皇国际收购了新传媒旗下的核心物业。恒大收购的新传媒其实是一家“空壳”公司。收购完成后，恒大宣布将新传媒更名为恒大健康，进军医疗整形行业，将此前收购的韩国原辰整形外科医院整合进恒大健康。受此消息的刺激，恒大健康的股价从0.047港元/股上涨至2015年11月21日收盘的2.37港元/股。若按此计价，恒大原始投资9.5亿港元在一年时间翻了50倍。

这还没结束。2020年7月，恒大健康宣布更名为恒大汽车，健康业务变为新能源汽车。中国香港、内地众多企业家投资恒大汽车，恒大汽车的股价从6月5日的6.35港元/股迅速暴涨到2021年2月18日的69港元/股，短短半年翻了10倍。同时，恒大汽车的市值甚至超过了其母公司恒大地产。

因此，恒大的多元化扩张业务更像一种以融资为目的的金融项目，给恒大提供了源源不断的现金流（以套现或股权质押的方式变现）。从表面上看，恒大的多元化扩张是经营性问题，诱发偿付性危机，实际上是流动性危机——通过多元化投资金融项目来融资。

这种融资方式的终结或许是从深深房重组失败开始的。这事还得从“万宝之争”说起，恒大乘机以362亿元买入万科股票，成为万科第三大股东。后来，恒大以292亿元将万科股票转让给深圳地铁，表面上亏了70亿元，但是恒大获得了深圳国资房企深深房的

"壳资源"。恒大试图借深深房的壳在A股上市，此后深深房进入漫长的停牌重组期。

恒大经过三轮增资引入了中信、深业、苏宁、中融、山东高速等战略投资者，合计融资资金规模达1300亿元。恒大与战略投资者签署了对赌协议，如果未能如期重组上市，需要原价回购股权。

但是，2020年11月，恒大宣布深深房重组失败，上市计划告吹。接下来，恒大与战略投资者协商，1300亿元中有863亿元战略投资不要求回购继续持有恒大地产股权，其中包括苏宁投资的200亿元。这笔投资失败导致苏宁现金流断裂，或许是压垮苏宁的最后一根稻草。

为什么重组失败?

这或许与房地产政策有关。2020年8月，央行、住建部发布了房企融资的"三道红线"政策：剔除预收款后的资产负债率大于70%；净负债率大于100%；现金短债比小于1.0。踩中"三道红线"的房企，不得新增有息负债；每降低一档，有息负债规模增速上限增加5%；没踩红线的房企，有息负债年增幅不得超过15%。这项政策相当于限制了房企的流动性，而当时恒大踩了这"三道红线"，无法新增有息负债。接着，央行和银保监会出台政策，对各类银行的房地产贷款比例设限。比如，六大国有银行的房地产贷款余额占比和个人住房贷款余额占比上限分别为40%和32.5%。可见，"三道红线”和银行五档限贷政策相当于控制了房地产的现金流。

这时，踩中“三道红线”、短期负债规模大、融资成本高的房企容易遭受流动性危机。而恒大正属于这类企业，更雪上加霜的是，流动性限制对恒大的金融项目融资造成了很大的冲击。资本市场规避政策风险，恒大、万达、富力等房企A股上市梦碎。恒大重组深深房失败，标志着金融项目的融资方式失灵，这加剧了恒大的现金流危机。这时恒大汽车的股价正一路高歌，但已是帝国的黄昏。

接下来，恒大不得已只能依靠出售资产来回流现金，整体性出售资产失败，选择在全国各地打折卖房。这一轰轰烈烈的卖房运动触发了债务螺旋，公司信用坍塌，资产价格崩盘。恒大地产的股价从2020年7月6日的28港元/股下跌到2021年10月每股不到3港元；恒大汽车从69港元/股的高位跌到2021年10月每股不到5港元。资产价格坍塌，股票市值缩水，金融融资枯竭，实际资产负债率反而增加，陷入越去杠杆杠杆率越高的债务螺旋，这对于恒大来说是致命的。

所以，恒大偿付性风险背后其实是流动性风险。

房地产是一个高杠杆、高负债行业，经营核心是流动性。中国大型房企的剔除预收账款后的资产负债率普遍在70%左右，如保利66.24%、万科69.7%、融创76%、碧桂园77%、恒大81%。再看债务规模，恒大1.95万亿元、碧桂园1.76万亿元、万科1.52万亿元、绿地1.24万亿元。可以看出，任何一家大型房企突然失去了流动性都会陷入债务困境。当年王健林遭遇流动性危机，其果断整体性出售资产得以自救。如果资产出售引发信用坍塌，触发债务螺旋，则会爆发偿付性风险。但是，根源是流动性风险。

其实，恒大长期面临流动性风险的威胁，具体表现为融资成本高、短期负债比例大。恒大的融资成本在10%左右——高息是风险征兆，而保利、华润置地不到5%。恒大的现金短债比只有0.67，而保利达1.93，华润置地达2.27，碧桂园达2.10，万科达1.67。恒大借入大规模的高息短期贷款，以及不断启用金融项目融资，以推动资金高周转。一旦流动性危机爆发，高息短期贷款逼上门，金融项目陷入债务螺旋，就没有太大的喘息空间。

02

个体性风险和系统性风险

恒大债务危机是否会引发系统性风险？

系统性风险包括房地产风险和银行风险。我们先看银行风险，恒大的银行借款涉及100多家银行，借款规模为2000多亿元，其中在民生银行和农业银行的借款均超过200亿元。如果恒大破产，贷款违约，那么银行系统要吃下这2000多亿元的不良贷款。仅就这一规模而言，不足以触发银行业的系统性风险。

但是，我们不能只考虑恒大一家房地产企业，而是要考虑整个房地产市场。房地产业的风险，一看大型房地产的债务风险，二看房地产价格。

恒大债务危机是流动性危机，是由房地产业的流动性不足引发的。同样陷入流动性困境的大型房企，还有踩中“三道红线”的富力、华夏幸福、蓝光、泰禾，以及踩中“两道红线”的绿地、首开和华发。其中一些已出现债务违约，华夏幸福正在重组，富力的现金短债比只有0.55。

除了以上8家上市房企（包括恒大），多数上市房企都有一定的融资能力。其中，23家没有踩线，有息负债年增幅最多为15%；18家踩中“一道红线”，有息负债年增幅最多为10%。需要关注的指标是现金短债比，中海、华润置地、保利、世茂、龙湖、越秀、龙光、建发、旭辉、正荣、碧桂园、建业在2及以上水平。所以，“三道红线”对上市房企的流动性威胁应该不足以触发房地产系统性风险。

接下来，要看全国房地产的市场价格风险。恒大及一些大型房企陷入债务危机，是否会引发全国房地产价格下跌？

2021年上半年，恒大打折甩卖各地楼盘，对一些城市主要是三四线城市的价格造成了冲击。不过，个别大型房企的债务问题或许不是影响未来一两年房地产价格走向的决定性因素（可能是触发因素）。在短期内，房地产的价格走向取决于信贷政策和调控政策。

针对房地产企业的“三道红线”和“五档信贷”政策实施后，房地产业的流动性下降，资产泡沫回落。2022年，房地产投资、销售与新开工面积均出现下滑。国家统计局数据显示，2022年1—8月，全国房地产开发投资90809亿元，同比下降7.4%；商品房销售面积87890万平方米，同比下降23.0%；房屋新开工面积85062万平方米，同比下降37.2%。

在这种背景下，三四线城市的房价下降的压力会增加。三四线城市的房地产市场更偏向于居住需求，投资需求偏弱。而居住需求依靠家庭收入支撑，三四线城市的家庭收入提升相对缓慢。一线城市，主要是22个集中供地的重点城市，房价波动可能趋于稳中偏弱。房地产调控的主基调还是稳房价、稳地价、稳预期，防范系统性金融风险。在具体政策上，实施集中管控，2021年对22个重点城市实施集中供地政策。集中供地意味着集中供给，未来几年新增的一手房由少部分大型房地产企业供应。

截至2021年6月29日，全国22个重点城市首轮集中供地近9万亩成交超1万亿元。哪些房地产企业在“攻城略地”？排在第一位的是融创，成交金额接近700亿元；之后依次是保利565亿元、招商蛇口521亿元、华润置地468亿元、万科378亿元、金地314亿元、绿城293亿元、越秀276亿元、建发272亿元、龙湖269亿元、中海239亿元。前20都不见恒大，碧桂园“屈居”第14位。

全国22个重点城市首轮集中供地呈现两个明显的特点：一是土地供给集中度提高，排在前10的房企成交总和接近40%，相当于掌控了全国22个重点大城市的主要土地及新房供应；二是国企占比高，前10大竞拍者中除了融创和龙湖，其他8家均为国企。

集中供地大幅提高了土地拍卖的资金门槛，资金实力不足的中小型房地产商被淘汰，而恒大、富力、碧桂园等大型民企受到“三道红线”政策的融资限制，没有充裕的资金或不敢加杠杆大规模拿地。再看49家上市房企的“三道红线”状况（截至2021年8月），表现最好的前4家均为央企，在未踩中“三道红线”的23家绿档房企中，有11家是国企；而“三道红线”均踩中的4家企业均为民企；剩下踩中一道、两道红线的22家企业中，只有4家是国企。换言之，在“三道红线”政策中，国企的融资条件要好于大型民营房企。

由此可见，2020年实施的“三道红线”、银行五档限贷和2021年实施的22个重点城市集中供地政策，对于房地产市场来说无疑是一次大洗牌。

2021年以来，房地产业加速分化，恒大、华夏幸福、泰禾等民企频频债务违约、危机重重；而保利、华润置地、招商蛇口等国企逆势飞扬。

2021年上半年，46%的房企拿地销售比[①]在20%以下；35%的房企拿地销售比位于20%~40%；拿地销售比超过40%的多数为国企，其中建发71%、越秀90%、保利99%。保利新增全口径土地储备位列行业第二，新增权益土储与新增货值则分别位列行业第三和第二。而且，保利多在珠三角、长三角、京津冀以及22个重点城市拓展土地。保利地产高层对外宣称，2021年保利发展计划中房地产及相关产业直接投资总额3950亿元——相较于2020年的投资预算增长17.9%。

所以，当前恒大及个别房地产的债务危机，并不是一场全房地产行业的危机，也不太可能引发系统性金融风险；它更接近房地产业暴风骤雨般的一次大洗牌。洗牌的大趋势正是政府—央企—重点大城市房价与风险集中管控。房地产管控走向一条以防控金融风险为上限、地方债务风险为下限的窄路——稳房价、稳地价、稳预期，不发生系统性风险。因此，“变中求稳”应该是当前房地产行业的基本面。

---

① 也称购地销售比，指房企购买土地支出的金额和合同销售金额的比例。

当然，这并不是说房地产是绝对安全的，毕竟全球宏观经济的不确定性愈加显著。中国房地产市场与商业银行风险、地方政府债务以及宏观经济稳定高度关联。可以说，房地产市场的安全系数取决于宏观经济的稳定系数。

03

明斯基时刻和沃尔克时刻

是否该拯救恒大？

不救，如何规避系统性风险？拯救，如何规避道德风险？

这容易让人联想到2008年的雷曼危局。当时，美国联邦政府和美联储前救贝尔斯登和房地美、房利美（“两房”），后救美国国际集团、花旗银行等一众企业，唯独坐视雷曼破产。为什么？当时，财政部长保尔森和美联储主席伯南克在救助贝尔斯登、“两房”上引发了民众的不满。他们担心，拯救走投无路的雷曼会触发道德风险，但也不愿意看到雷曼破产引发金融风险。于是，两位官员试图逼迫华尔街救助雷曼。当美国银行、英国巴克莱银行退出救助时，雷曼破产已成定局，同时还引发了金融海啸。

仅从目前来看，恒大不是雷曼。雷曼破产引发金融危机的前提是次贷危机，即大规模的住房抵押贷款违约已是一触即发。雷曼持有大量住房抵押支持证券，随着房价猛跌，这一证券的崩溃击溃了美国金融大厦的基石。如今，中国房地产市场尚未出现住房贷款的违约，主要风险为房地产商的流动性危机。预计，恒大危机不会构成雷曼时刻或明斯基时刻。

还有一种说法是，不拯救恒大向市场释放一种信号：放弃“大而不倒”的幻想。1997年亚洲金融危机时，日本政府任由日本四大证券公司之一的山一证券和日本大型银行之一的北海道托殖银行破产。这两家大型金融机构的破产，终结了日本“护送船团方式”。所谓“护送船团方式”，就是不允许有发展过快或者破产的金融机构，即“大而不倒”。1998年，日本成立了金融监管厅，加强了金融监管，约束财阀势力对金融机构的“绑架”。

房地产业存在一定的“大而不能倒”的道德风险。这波房地产分化源自2015年。从2015年开始，在棚改货币化的刺激下，全国房地产市场迎来了一波上涨潮。这时，房地产界出现了进退的分歧。以万科为代表的房企选择主动降温，而恒大、碧桂园则越战越勇。一些中大型开发商试图冲进30强，以在银行融资市场中建立稳定的地位。这种道德风险确实对经济构成了威胁。

从房地产业大洗牌的角度来看，拯救恒大并不是必选项，不排除释放道德风险的可能性。商业银行有资金容量自行化解恒大带来的风险敞口，各地方政府确保恒大房屋交付。

野村证券中国区首席经济学家陆挺在一份报告中将这一事件提升到国家经济决策的高度。他认为，事实可能会证明整顿房地产行业是“中国的沃尔克时刻”。①所谓“沃尔克时刻”，指的是在1979年保罗·沃尔克担任美联储主席后实施高度紧缩的货币政策，牺牲了短期经济增长和就业率，但成功地控制了通胀，为20世纪80年代经济长期稳定增长打下了基础。

如今，很多人意识到，高房价正在阻碍生育率、消费率的提升。而和陆挺持有相似观点的人认为，政府整顿房地产、平抑房价、果断去泡沫，不惜牺牲短期经济增长，目的是释放内需，提升生育率，促进经济长期稳定增长。

当前，政府试图提升生育率和消费率，同时抑制房地产泡沫。不过，主动刺破房地产泡沫，与稳房价、稳地价、稳预期的调控政策不相符合。去除房地产泡沫是必要的，关键是采取什么方式。如果措施不当，可能会适得其反。而且要注意房地产泡沫破灭不代表就会迎来经济的长期增长。

实际上，不管是沃尔克当年控制通胀，还是日本终结“护送船

---

① 于海荣.野村陆挺：此轮房地产调控不会轻易退出[EB/OL].（2021-09-02）[2023-04-06]. https://economy.caixin.com/2021-09-02/101767392.html.

团方式”，促进经济恢复的方式均来自“破后再立”，关键在立——美国里根改革破除了干预政策，沃尔克以高度紧缩的货币政策重新建立了美元的信用；日本政府推行了二战以来最彻底的金融改革及司法改革，实施浮动汇率，开放金融市场，同时大力发展科学技术。

“沃尔克时刻”意味着从制度上改变当前的经济增长逻辑，是一种艰难的社会经济转型。就当前来说，恒大危机也不构成中国的“沃尔克时刻”。

若结合系统性的经济政策去理解房地产，则需要识别当前房地产问题的实质。从本质上说，中国房地产问题是当前经济增长逻辑中的输入性通胀问题。

如何化解输入性通胀？将原来的管道变成自由流通的海洋。近年来不断推动且加快人民币国际化进程也是为此。

楼市政策

2022年以来，房地产行业下行压力持续加大，对于楼市刺激政策出台的呼吁声此起彼伏。

2022年《关于做好当前金融支持房地产市场平稳健康发展工作的通知》出台，2023年降低存量房贷利率、一线城市开启“认房不认贷”。本部分结合房地产适时救市政策讨论房地产的困境与出路。

房地产“拐点”来了吗?

2022年11月11日，人民银行、银保监会发布《关于做好当前金融支持房地产市场平稳健康发展工作的通知》(以下简称“十六条”)。信息量大，亮点突出，包括“对国有、民营等各类房地产企业一视同仁”“稳定房地产开发贷款投放”。

业界认为，“十六条”是近两年来最全面、针对性最强以及对房企救助措施最多的房地产政策，标志着政策大转向，从融资限制转向融资支持，从救项目升级为救房企，可能助房地产市场“软着陆”。

房地产政策见底了吗?房地产“拐点”来了吗?

本部分从“十六条”出发，分析楼市政策和市场前景。

01 读“十六条”

近3年，房地产市场受新冠疫情、宏观环境和流动性限制三重冲击，融资、投资和销售全面深度下滑，大型房地产企业债务爆雷、烂尾楼事件频发导致市场信用迅速恶化，供给和需求两端“负反馈”，陷入债务—通缩螺旋。

2022年，供给端保持“三道红线”“五档信贷”以及信贷行政指令的强约束，限制房地产企业信贷、发债等融资，但需求端政策迅速切换，地方从限制性政策纷纷转向解除限购等松绑政策，以及降低个人住房按揭贷款利率、提供公积金首付贷款等刺激性政策。

与2022年主流的“供给端约束、需求端刺激”政策的一个重大不同是，“十六条”打开了供给端约束的口子，推出了多项措施直接施救房企，光融资措施就有六条，可谓房企“速效救心丸”。

以下从三个角度来分析“十六条”。

一、多措施促进房地产企业融资

“支持个人住房贷款合理需求”，试图从需求端促进房地产企业融资。个人住房贷款是房地产企业四大融资渠道之一，2022年前三个季度政策在该渠道已发力，不过回暖效果不明显。

“稳定建筑企业信贷投放”，对建筑企业很关键，但算不上新规。房地产企业信贷因融资受限而大幅下滑，建筑企业同样受到冲击。2022年上半年已经出台了稳建筑企业信贷的政策，但效果有限。如果房企债务爆雷，建筑企业以及整条供应链“唇亡齿寒”。

“保持债券融资基本稳定”，是房地产企业融资的“第二支箭”。近3年，房企债券融资受到严格限制，融资规模大幅下降，同时一系列美元债违约风险显现。从2022年10月开始，房企债券融资开始改善。同年10月社会融资规模数据显示，企业债券净融资2325亿元，同比增长64亿元。随后，2500亿元“第二支箭”出场。部分房企获得大额债券融资批复，其中龙湖集团200亿元、新城150亿元，而此前3个月6家民营房企发债总规模仅为68亿元。债券融资扩张，是当前亟待输血的房企的“救急”措施。

“保持信托等资管产品融资稳定”，是融资渠道之一。自2019年信托融资收紧后，房企信托融资骤降。该政策带来的信托融资增量估计有限，但表明政策在松动。

二、对陷入债务困境的房企“救急”

“支持开发贷款、信托贷款等存量融资合理展期”，对于已陷入债务困境的房企来说是救命稻草。该政策支持在原贷款展期期限的基础上额外多展期一年。同时，很关键的一点是，展期后不降级，不会因此影响企业征信。根据银保监会的贷款分项分类指引，贷款展期属于贷款重组，展期后需下调风险等级，但该措施给予特赦。这实际上是在银行预期可承担风险范围内给房企补充流动性，避免立即陷入“债务违约—信用降级—减贷抽贷—债务违约”债务—通缩螺旋，同时也试图抑制银行不良率的攀升，缓解外溢性风险。

信托贷款展期在实际操作中难度可能偏大，政策指引有限，市场自发协商为主，债权人对展期的容忍度偏低。

“支持开发性政策性银行提供‘保交楼’专项借款”，是央行针对“保交楼”推出的专项措施。2022年9月，央行时隔两年再次重启新增抵押补充贷款（PSL），净新增1082亿元；10月，PSL继续扩张，净新增规模上升至1543亿元，而且利率也下调了40个基点至2.40%。PSL主要用于支持政策性银行2000亿元“保交楼”专项借款。

具体操作是，按照专款专用、“一楼一策”的原则，地方融资平台向政策性银行申请贷款，负责“保交楼”任务和还款；同时，政府承担统借统还责任，将借款资金纳入地方政府债务。如果地方融资平台无力偿还，则从对当地政府的转移支付中予以划扣。

国家统计局数据显示，2022年10月房地产市场全面下滑，但房屋竣工面积逆势上扬，好于前3个月，较9月增加了1668万平方米。这或许与该政策有关。预计，PSL及其支持的“保交楼”专项借款将继续给项目“输血”，降低烂尾风险。

“鼓励金融机构提供配套融资支持”，接续上一项措施。鼓励商业银行尤其是“项目个人住房贷款的主融资商业银行”，为获得“保交楼”专项借款的项目提供配套融资。为了消除银行的顾虑，政策特别明确了一项有条件免责条款，即“对于新发放的配套融资形成不良的，相关机构和人员已尽职的，可予免责”[①]。

另外，为了增加房企的流动性，银保监会、住建部和央行还发布通知，允许商业银行与优质房地产企业开展保函置换预售监管资金业务。该政策支持房企通过置换的方式，启用不超过30%的预售监管资金用于项目建设。

“鼓励依法自主协商延期还本付息”和“切实保护延期贷款的个人征信权益”，均支持因疫情原因而导致的延期还款，对个人征信予以一定的保护，但没有明确豁免。

---

① 中国银行保险监督管理委员会关于做好当前金融支持房地产市场平稳健康发展工作的通知[EB/OL].（2022-11-23）[2023-04-06]. http://www.pbc.gov.cn/goutongjiaoliu/113456/113469/4720023/index.html.

三、支持房地产项目并购

“做好房地产项目并购金融支持”，“阶段性优化房地产项目并购融资政策”，试图推动深陷债务泥潭的房企债务重整和市场出清。在债务危机早期，房企自救的方式之一就是果断地整体性出售优质资产，以迅速回笼资金，避免陷入债务爆雷—资产价格大跌—抵押物缩水—减贷抽贷的负循环。但是，爆发危机的房企，其项目资产可能早已抵押，而且债权关系复杂，并购难度很大。稍微优质的大型房企均在寻求自保，政策鼓励金融资管公司、地方资管公司参与并购。

另外，文件还提到“鼓励商业银行稳妥有序开展房地产项目并购贷款业务”，属于新措施，但细节还有待商榷。

02
十月围城

“十六条”从供给端把房企头上的融资“紧箍咒”予以全面的松动，涵盖除股市外的大部分融资方式，即政策性银行专项借贷、商业银行信贷、债券融资、信托融资、置换预售资金、资产并购，扩大增量的同时还对存量予以展期和降级豁免，罕见地设置了免责条款。

市场寒冬突来春风，业界不知悲喜。

为何“空降”“十六条”？房地产政策触底了吗？

我们可以从2022年10月的房地产数据入手理解“十六条”。

所谓“金九银十”，9月、10月是房地产市场的旺季。但是，2022年10月房地产市场投资、融资和销售全面下滑，仅次于或低于受疫情困扰的4月的水平，需求端和供给端均恶化。

投资方面：10月投资规模低于4月。

国家统计局发布的数据显示，2022年1—10月，全国房地产开发投资113945亿元，同比下降8.8%（降幅比1—9月增加了0.8个百分点），其中，住宅投资86520亿元，同比下降8.3%。

单月来看，10月开发投资规模为10386亿元，较9月下滑了2364亿元，创2022年3月以来最低，甚至低于受疫情困扰的4月。与2021年同期相比，10月开发投资规模下滑了1980亿元。

房屋施工、新开工面积也弱于9月。10月施工面积、新开工面积比9月分别减少了295万平方米、750万平方米。不过，受2000亿元“保交楼”专项借款刺激，10月房屋竣工面积为5686万平方米，好于前3个月，较9月增加了1668万平方米。

销售方面：10月销售额环比下降30%。

1—10月，商品房销售面积同比下降22.3%；商品房销售额下降26.1%。单月来看，10月商品房销售额为9452亿元，较9月减少30%（4000亿元左右），仅次于同年4月的水平。与2021年同期相比，商品房销售额也下降23%。

销售面积情况类似，2022年10月销售面积9757万平方米，与8月相当，较9月下降3775万平方米，远低于往年旺季的水平。与2021年同期相比，10月销售面积也减少了23%。

通过销售额比销售面积，可以得出平均粗房价。核算结果显示，10月平均粗房价为9687元/平方米，较9月下降了300元/平方米左右，低于2021年同期的9749元/平方米。“金九银十”不仅没有提振市场需求，平均粗房价较7月的10471元/平方米、8月的10407元/平方米明显下滑。

数据显示，2022年10月，70个大中城市，新房和二手房价格环比下降城市分别有58个和62个，比9月分别增加4个和1个；同比下降城市分别有51个和64个，比9月均增加1个。

融资方面：10月四大融资再度大幅下降。

1—10月，房地产开发企业到位资金125480亿元，同比下降24.7%，降幅较1—9月增加了0.2个百分点。其中，国内贷款14786亿元，下降26.6%；自筹资金44856亿元，下降14.8%；定金及预收款41041亿元，下降33.8%；个人按揭贷款20150亿元，下降24.5%。

单月来看，10月房地产开发企业到位资金11182亿元，比9月减少2299亿元，仅仅高于4月。与2021年同期相比，开发企业到位资金减少了3929亿元。

其中，四大融资渠道单月环比、同比均大降。

环比来看，定金及预收款下滑幅度最大，减少了20%；其次是同样能反映需求端的个人按揭贷款，减少了18.6%。此外，国内贷款环比下滑了18.5%，自筹资金环比下滑了10.6%。

同比来看，定金及预收款下滑了30.9%，个人按揭贷款下滑了31.3%；国内贷款下滑了18.3%，自筹资金下滑了20.6%。

财政方面：土地出让金收入持续下降。

2022年1—10月，国有土地使用权出让收入44027亿元，比2021年同期下降25.9%。单月来看，10月土地出让金收入5520亿元，比9月多717亿元，少于2021年同期217亿元。10月土地销售还是好于预期，可能是城投公司“抢跑”的结果。9月底财政部发文禁止通过国企购地等方式虚增土地出让收入，地方可能在政策完全落地之前尽量卖地。

2022年，房地产市场全面深度下滑，主要数据同比降幅达20%以上。10月房地产投资、融资、销售在9月的基础上大幅下降，仅次于或低于同年4月的水平。

原本“供给端约束、需求端刺激”的政策组合推动房地产往供给收缩、需求回暖、价格不大幅下降的趋势演变。2022年三季度销售降幅缩窄，“金九”市场回暖，需求端正在往深度艰难缓慢筑底的方向边际弱改善。但是，10月打破了这一趋势，市场基本面再度恶化，需求端和供给端陷入负反馈。

同时，10月多项宏观数据低于预期。社会消费品零售总额同比下降0.5%，较9月回落3个百分点；出口同比下降0.3%，较9月回落6.0个百分点，为2021年以来首次转负；固定资产投资总额同比增长4.2%，规模较9月减少4259亿元；规模以上工业增加值同比实际增长5.0%，较9月回落1.3个百分点。

2022年10月社融增量为9079亿元，比2021年同期少7097亿元，低于市场预期的1.65万亿元，大幅低于9月的3.53万亿元；人民币贷款增加6152亿元，低于市场预期的8242亿元；住户贷款减少180亿元，与2021年同期相比减少4827亿元；跟房贷相关的居民中长期贷款增加332亿元，同比减少3889亿元。

对于房地产市场来说，这可能是压垮房企的最后一根稻草。如果需求端和供给端再度迅速恶化，房企债务违约风险可能外溢到银行和金融系统。

止跌，为首要目标。

03
价值无涉

"十六条"之后，房地产能否复苏？

房地产市场面临几个利空：疫情笼罩之下的宏观经济增速下滑和预期转弱，房地产市场信用恶化和投资信心下降，家庭收入不足及预期降低，限制性的融资政策和关键高压线，房地产企业债务爆雷和烂尾事件频发。

有政策因素，也有房地产以及宏观经济的因素；包括供给端的恶化，也包括需求端的低迷。

楼市政策方面："十六条"主要是供给端救房企，但主要的限制性融资政策和高压线并未解除。

供给端"十六条"和前三季度需求端一系列刺激性政策，是否意味着房地产政策已见底？

可以理解为宏观经济走弱大背景下的阶段性见底，但不管是供给端还是需求端，依然还有相当大的政策空间。

从供给端来看，"十六条"是近两年来对房地产市场全方面的融资支持，以及对房企最具针对性的施救措施。"三道红线""五档信贷"和房地产的关键高压线依然没有解除。

“十六条”还专门提出“延长房地产贷款集中度管理政策过渡期安排”。这是给予此前《房地产贷款集中度管理要求》中“五档信贷”一定的宽容度，但并未解除限制。

市场关心的是，银行如何在之前限制性融资政策下增加房企信贷投放?

在这种环境下，银行对发放贷款不完全遵循利率和风险原则，更易服从信贷行政指令。四大行均符合“五档信贷”的要求，给房企贷款和个人住房贷款的空间还很大，但是四大行2022年并未增加反而持续减少房地产市场的贷款。这是“三道红线”、关键高压线和信贷行政指令下的选择。如今，想要增加房企信贷投放，也只能依靠央行和银保监会对商业银行、政策性银行下发信贷指令和任务。这或许是短期内最快的施救方式，但同时也是最不确定的方式。

“十六条”特意增加了免责条款、展期豁免。这两个条款可以降低央行审批贷款和批准展期的责任，但如何避免风险扩张?“十六条”还强调“国有民营一视同仁”。假如银行按照利率和风险原则给房企提供贷款，但由于利率不完全市场化、银行存在企业性质偏好，企业性质也就成为利率和风险的一大考量。

另外，债券融资、信托融资和股票融资均还保留着重要的限制性政策和红线。

所以，从供给端来看，“十六条”主要是防止房企资产负债表恶化冲击到银行系统，原本的“房住不炒”立场不变，限制房企进一步加杠杆、融资的高压线也并未解除。

从需求端来看，2022年前三季度各地刺激性政策充分释放，包括大规模实施以鼓励生育、引进人才、支持刚需为主的限售限贷松绑政策，大幅降低首套房贷利率，降低公积金贷款利率，提供公积金首付贷，提供购房补贴和税费减免。

需求端是否还有空间？就房地产市场本身而言，需求刺激政策空间不大。但是，从货币和财政政策的角度来说，需求端政策方向还没转入家庭部门。货币政策方面，整体利率还是偏高，关键是要降低存量房贷的利率，释放更多的家庭购买力。财政政策方面，将由以基建投资为核心的财政支出方向转向家庭部门，大力提高家庭社保、教育和住房补贴。

宏观经济方面：疫情之下宏观经济走弱，需求不足难以支持市场复苏。

近3年，受新冠疫情影响，宏观经济增速下滑和预期转弱，家庭收入不足和债务负担重，低迷的投资和消费需求难以支持市场回暖。

中国房地产，是一个复杂的市场，也是一个充斥利益纷争的市场。有人盼望房价上涨，有人期望房价下跌，中国到底需要一个什么样的房地产市场?

房地产市场也是市场，市场不以个人意志为转移。房地产该怎么走，房价该涨还是跌，不应该成为某一种目标。对待市场、对待房地产，应该遵循价值无涉的原则。在房地产走向复苏或再度恶化之前，应该先让它回归正常的市场。解除对房地产的“五花大绑”，充分释放供给和需求，让房地产市场重回自由价格的轨道，房价涨跌不由你我他说了算。这体现了市场的公平性。

“十六条”中提出“积极探索市场化支持方式”，“在保证债权安全、资金封闭运作的前提下，按照市场化原则满足房地产项目合理融资需求”。

具体来说，应按照市场化利率和风险原则给房企发放贷款，按照责权利自担的市场原则支持房企的债券、信贷和股票融资。让房地产市场正常出清，价格正常下跌或上涨；让房地产企业正常死亡，正常重生。

房企破产是市场出清的过程，债务重整也是一种市场。“十六条”中提到“鼓励商业银行稳妥有序开展房地产项目并购贷款业务”，这是一种金融市场。金融公司通过发行金融债来收购房地产项目和不良资产，这促进房地产市场快速出清。

房地产市场正常化，并不等于政府不管不顾，相反，政府需要更有效的作为，尤其是两大作为：

一是建立公开透明和完善的市场规则，降低不确定性，稳定市场预期。比如，项目和贷款合同收购，可能面临四证不齐[①]等问题，需要配套制度来处理。

二是财政系统在供给端利用国有土地大规模建设公共住房，在需求端为家庭租房、购房及教育提供更多补贴。

---

① 四证齐全指房地产项目国有土地使用证、建设用地规划许可证、建设工程规划许可证、建筑工程施工许可证均已取得。

提前还贷与降存量房贷利率

2023年上半年，市场掀起了一波“提前还贷潮”。中国人民银行发布的2023年二季度金融机构贷款投向统计报告显示，个人住房贷款余额38.6万亿元，较2022年末减少了2000亿元。

在经济复苏的关键之年，不贷款扩张投资、消费，反而提前还贷、存钱求稳、压缩资产负债表。如何理解这种现象？银行是否应该降低存量房贷利率，帮助家庭减负降债、提振消费？

本部分从“提前还贷潮”的现象入手分析资产负债表衰退现象，以及银行降低存量房贷利率的必要性。

01
提前还贷

“提前还贷潮”，从2022年下半年开始掀起，2023年初进入一个小高峰，年中缓慢持续。

央行公布《2022年四季度金融机构贷款投向统计报告》：2022年末，人民币房地产贷款余额53.16万亿元，同比增长1.5%，比2021年末增速低6.5个百分点；个人住房贷款余额38.8万亿元，同比增长1.2%，增速比2021年末低10个百分点。[①]

尽管个人住房贷款余额同比增速未现负增长，但增速降幅太大，其中有新增贷款不力之因，也有提前还贷之功。

在什么情况下，你会选择提前还贷？

原因是多方面的，主要看两点。

一是降低付息负担：新增贷款利率下降，但存量房贷利率太高。

2022年，市场利率全面下降，5年期贷款市场报价利率（LPR）

① 2022年四季度金融机构贷款投向统计报告[R/OL].（2023-02-03）[2023-04-06]. http://www.pbc.gov.cn/goutongjiaoliu/113456/113469/4784452/index.html.

3次下调，从2021年底的4.65%降至4.30%，下降了35个基点。12月全国发放个人住房贷款利率平均为4.26%，同比下降1.37个百分点，为2008年有统计以来的历史最低水平。首套房按揭贷款利率下降速度更快、利率更低。截至2023年1月31日，贝壳研究院监测的103个城市中，首套房按揭贷款利率低于4.1%的城市共30个，部分城市可以做到3.7%；首套房公积金贷款利率甚至下调至3.1%。另外，2021年新发放企业贷款加权平均利率为4.17%，比2020年低34个基点。

但是，存量房贷普遍在5%~6%，远高于新增房贷利率、新增企业贷款利率，比现在的5年期LPR（4.3%）还高不少。实际上，2020—2021年，不少购房者依然站在山峰上，支付着6%左右的利息。尽管2022年3次下调5年期LPR，但是存量房贷利率并未同时下降，而是在2023年1月1日开始下调。

可能有人会问，2023年开始存量房贷利率下降0.35个百分点，付息成本更低，为什么提前还贷不止？

我们需要考虑预期差。2022年下半年，市场对降息的预期已迫切。原本存量贷款者期望四季度再降息，但LPR自2022年8月降息以来已连续5个月按兵不动。如今出现预期差，市场大失所望。

2022年，央行发布通知，新建商品住宅销售价格环比和同比连续3个月均下降的城市，可阶段性维持、下调或取消当地首套住房贷款利率政策下限。2023年一季度就有38个城市符合该条件，这些城市的首套住房贷款利率将进一步下降。

如果2023年利率下降，存量房贷利率下调时间就要推迟到2024年1月1日。如此，2023年的存量房贷与市场利率之间的利差将进一步走扩。

所以，现实利差、心理落差和预期差促使一些人提前还贷。

从理财的角度来看，新旧贷款利差扩大增强了套利动机，一些贷款人借助中介机构的资金赎楼，一次性清偿高息贷款，再以楼抵押获得低息贷款，从而节省1~2个点的利息，一定程度上降低了负债率。一些背负高房贷又陷入流动性危机的业主，选择赎楼再贷，并选择合适的还款方式，大幅降低眼下月供，以避免资金链断裂。这也是一种有效的债务优化方式。

二是投资信心不足：房地产、理财、存款收益率均下降。

2020年以前，存量房贷利率也不低，甚至更高，为什么没有出现“提前还贷潮”？

除成本外，另一个关键因素是收益率。

当投资收益率低于借贷利率时，投资者便大量赎回资金用于偿还债务。2022年，大部分资产的投资年化收益率都没有跑赢存量房贷利率。

中国居民资产配置的三大方向：房地产、理财和存款。中国居民财富70%配置在房地产上，其次是理财和存款，金融资产仅占2%左右。2022年，房地产业绩全面下滑、市场信用恶化，大部分城市的房价下跌，销售规模大降5万亿元左右。若以1年周期为计，即便享受首套房4%以下利率，大部分按揭购房的收益率仍然不及存款利率。如果在2021年购房，房贷利率在5%~6%，大部分按揭购房的年化收益是亏损的。

当房地产不再是可靠的投资品，居民陷入了投资标的荒，只能将钱投向银行，增加理财和存款的配置。但是，2022年债市利率下降，11月出现流动性危机，引发银行“理财产品破净潮”，投资者不得不大量赎回转存，抢购原本冷清的大额存单。

普益标准数据显示，截至2022年12月末，全市场存续开放式固收类理财产品近3个月年化收益率平均水平为-1.28%，环比下跌2.16%；近一年平均收益率为2.11%，环比下跌0.75%。

于是，房地产溢出的5万亿元以及理财溢出和消费节余合计的数万亿元都存入了银行。

中国人民银行发布的数据显示，2022年人民币存款增加26.26万亿元，同比增加6.59万亿元。其中，住户存款增加17.84万亿元，非金融企业存款增加5.09万亿元。①

① 2022年金融统计数据报告[R/OL].（2023-01-10）[2023-04-06]. http://www.pbc.gov.cn/goutongjiaoliu/113456/113469/4761016/index.html.

但是，存款利率也持续下降。2022年12月，银行网点整存整取存款3年期平均利率为3.118%，同比下跌10.1个基点；大额存单利率下跌更快，3年期平均利率为3.337%，同比下降22.4个基点。

可见，房地产、理财、大额存单的整体年化收益率都没能跑赢存量房贷利率。当投资无利可图时，持有贷款的成本大增，尤其是存量房贷。这时，用投资低效的现金偿还高息负债反而是更合理的资产配置和债务优化。再加上宏观经济增长的预期转弱，整体投资信心下降，行为偏好少投资多储蓄、少借债去杠杆。

怎么理解这种现象？

02
资产负债表

这种现象在日本20世纪90年代泡沫危机过后出现过。

日本经济学家、野村证券首席辜朝明在《大衰退》中将其定义为资产负债表衰退。所谓资产负债表衰退，一般是指在金融危机爆发后，企业和家庭选择减持风险资产、增持安全资产，减少借贷、提前还贷，即压缩资产负债表规模；投资行为范式从利润最大化转向债务最小化、收益最大化转向风险最小化，此时，央行货币刺激失效，银行降低利率，企业和家庭不但没增加贷款，反而将赚取的利润和储蓄偿还债务、提前还贷。

于是，宏观经济持续衰退。

在宏观经济层面，资产负债表衰退并不是必然的，最典型的时期有美国20世纪30年代大萧条、日本20世纪90年代泡沫危机后和美国2008年金融危机后。

资产负债表衰退的前提是资产负债表扩张，尤其是极限扩张。

20世纪80年代末，在低息政策的刺激下，企业、家庭大幅扩张资产负债表，日本房地产和股票泡沫膨胀。

当杠杆率达到极限后，快速上升的利率刺破了房地产泡沫，随后资产价格大跌，偿债负担大增，企业陷入债务—通缩螺旋，资产负债表遭受冲击。

泡沫危机过后，日本企业（包括家庭）的行为发生了微妙的变化。风险偏好降低，行为范式保守，压缩规模、降低负债，出售亏损资产、增持安全资产，减少投资、裁员降薪、努力还债，从过去的追求利润转变为去杠杆。

从1995年开始，日本企业开始停止申请新的贷款，启用自有资金偿还债务，尽管当时的利率极低；到1998年，日本部分企业变成净储蓄者；到2000年，日本企业储蓄已经超过了个人储蓄。

与20世纪90年代之前相反，这一阶段日本企业的资产负债表不是扩张而是衰退。辜朝明推算，作为这种企业行为转变的结果，1990—2003年，由于企业需求下降造成的损失相当于日本国内生产总值的20%。

长期摸日本泡沫危机过河的中国经济研究者担心，新冠疫情危机过后，中国是否进入资产负债表缩表时代？

2008年到新冠疫情暴发前，与之前日本泡沫危机类似，中国社会整体快速加杠杆，企业和居民资产负债表快速扩张。由于杠杆率是有限的，极限加杠杆的经济后果往往是资产负债表塌缩、衰退。

泡沫危机是暴力去泡沫、去杠杆，属于资产负债表塌缩；危机过后，企业被动压缩规模、主动赚钱还债，属于资产负债衰退。

中国3年新冠疫情危机，与日本泡沫危机有所不同。日本泡沫危机从资产价格端冲击，资产价格迅速大跌导致大量企业、家庭资不抵债，资产负债表大面积塌缩；中国3年新冠疫情危机更多地从经营端冲击，营收下降破坏了企业的正常收入和经营现金流，失业率增加，家庭收入承受压力。换言之，与日本泡沫危机后相比，中国当前没有出现资产负债表大面积塌缩，企业和家庭更多地主动压缩资产负债表。

不过，塌缩并不是资产负债表衰退的必要条件。实际上，前期极限扩张资产负债表，危机造成的资产下跌或收入下降，危机过后的风险偏好降低，共同引发资产负债表衰退。

如何理解资产负债表衰退？

从微观上看，这是一个资产负债表修复的过程，是自由市场价格机制、奖惩机制发挥作用的结果。

疫情过后，社会的风险偏好下降，去杠杆、减债务、少冒险、稳经营，其实是在修正过去冒进的行为。一个负债累累的家庭，还高借低，优化债务，避免破产；一家经历暴力去杠杆的企业，快速出清，聚焦于主业，精耕细作，赚钱还债。

资产负债表衰退可以有效地解释日本“失去的十年”。所谓“失去的十年”，其实是去杠杆的十年，是泡沫回归的十年，是资产负债表修复、社会休养生息的十年。

从宏观上看，如果整个社会都趋于保守，大部分企业不再扩张、只赚钱还债，大部分家庭小富即安、守株待兔，经济岂不长期衰退？

其实，这是一种上帝视角。理解了资产负债表衰退的微观原理后，我们并不需要为此担忧。首先，这个“如果”并不存在。在自由市场中，所有人的行为范式不会永远趋于一致，一致性的行为无法在市场中立足，而自由竞争永远在奖励做出正确决策的企业和个人。事实上，在经历资产负债表修复后，山崎、发那科、安川、川崎、三菱等日本企业展现了更强劲的技术竞争力和全球化经营能力。

在资产负债表衰退过程中，需要的是耐心，等待市场出清与修复。我们不需要对任何一个家庭和企业指手画脚，做对了价格会奖励他们，做错了价格会惩罚他们。如果衰退的过程极为漫长、通缩的过程颇为煎熬，那么只能说明之前的泡沫过度耀眼、债务过于庞大。

03
降存量房贷利率

辜朝明敏锐地发现，在资产负债表衰退时货币刺激是无效的，但他认为财政刺激可以治愈资产负债表衰退。

辜朝明支持日本政府最近20年激进的财政扩张行动，尽管因此带来极高的负债率。他的解释是，日本当前存在庞大的国债，但如果日本政府不以此为代价去刺激经济，那么日本经济就会跌去峰值的一半或三分之一。

其实，资产负债表衰退的原因是资产负债表层有过度扩张。衰退，正是对这一行为的修正。而不论是货币刺激还是财政刺激，实际上都是试图制造一个更大的泡沫来掩盖这个泡沫，重新回到危险的老路上。当下，日本企业和家庭的资产负债表恢复竞争力，但是政府和央行的资产负债表膨胀到令人担忧。在当下这轮全球货币紧缩周期中，日元连续暴跌、日债惊心动魄已暴露了日本长期以来这种财政刺激、央行兜底的风险。

经济学家需要避免以上帝视角俯视大地、以总量思维评判世人。企业和家庭的资产负债表衰退行为，不应该界定为“负面”。金融危机爆发时，大部分投资者在做空，他们的行为甚至被定义为恐慌，但不能被界定为“负面”。这就是方法论上的个人主义和价值无涉原则。

当下，“提前还贷潮”是一种资产负债表衰退现象。其成因概括起来就是债务负担过重和投资收入（预期）下降。如何避免整个社会的资产负债表衰退？需要设法降低企业和家庭的负债，同时提高他们的真实收入。其中，降低存量房贷利率能够减轻购房者偿债负担促进消费增长。

2023年8月31日，政策终于出台。央行、国家金融监督管理总局联合发布《关于降低存量首套住房贷款利率有关事项的通知》和《关于调整优化差别化住房信贷政策的通知》，提出存量首套房贷利率调整方案：“存量首套住房商业性个人住房贷款的借款人可向承贷金融机构提出申请，由该金融机构新发放贷款置换存量首套住房商业性个人住房贷款。”这一政策落地利好，超出市场预期。

然而，当前商业银行的准入门槛极高，具有相当的排他性，绝大多数商业银行是国企。另外，利率并不是真正意义上的自由利率。尽管LPR是由商业银行们共同报价的结果，但LPR报价是在中期借贷便利（MLF）基础上加点形成的，MLF基本由央行决定，它很大程度上影响着商业银行获得资金的成本。

由于商业银行和利率市场不完全市场化，住房贷款利率长期偏高，近些年存量房贷利率均超过5%，一些时期突破6%。2022年，美联储激进加息，30年住房按揭利率一度短期突破7%，如今回落到6.1%；但是，2010—2021年，美国30年住房按揭利率长期在4%以下。2022年受美联储加息的影响，香港房贷利率有所上升，但该利率长期维持在2%以上。换言之，商业银行的贷款利率其实长期高于国际市场上的贷款利率，存量房贷的中性利率应该低于当前的利率水平。

2022年商业银行利润超过2万亿元，作为国有企业，在不危及银行财务的前提下，商业银行降低存量房贷利率是让利于民，相当于公共财政的转移支付。

降低存量房贷利率可以直接减轻家庭的债务负担，增加家庭收入和实际购买力。从经济学的角度来讲，每个家庭不论如何使用这笔资金，对社会都是有益的。有些人可能用于消费，这可以促进内需复苏；有些人可能用于投资，这可以提振投资需求；有些人可能用于偿还债务，这可以修复资产负债表。

另一个支持银行降低存量房贷利率的理由是不够市场化（过高）的利率反而加剧债务风险。

通过观察可以发现，由于利率受协议约束具有一定的刚性，当泡沫危机爆发时，资产价格下跌的速度往往快于债务，市场短期内涌现大量资不抵债的负资产。如果利率不够市场化，利率对市场的反应远滞后于资产价格，那么资不抵债的速度更快、债务风险更大。因此，存量房贷利率一年才调整，房价下跌、收入减少时，房贷利率依然岿然不动、维持高位，这无疑加剧了购房者的债务负担。在自由市场中，当房价下跌、收入下降时，贷款需求减少，利率也会随之下降，购房者的偿债成本会减少。

支持银行降低存量房贷利率，并不是按照计划思维行事。相反，如果让利率市场、让无数交易者共同来决定房贷利率，这样的市场对民众是最有利的。

参考文献

[1] 辜朝明. 大衰退[M]. 喻海翔，译. 北京：东方出版社，2016.

房产税能否替代土地财政?

房地产税不等于房产税。房地产税是与房地产相关的一切税收的总称，包括房地产增值税、所得税、土地使用税、契税等。房产税指的是对房屋产权所有人征收的财产税。官方使用的是“房地产税”，可能考虑到还包括“土地使用权人”，不完全是房产所有人。不过，本书还是习惯使用“房产税”概念。

房产税能否扭转土地财政的巨大惯性？ 如何从土地财政过渡到不动产税?

本部分从美国房产税的演变历史出发理解土地财政与房产税。

01
美国之路：从土地财政到大恐慌，再到《宅地法》

1776年，北美对英国的战争取得了胜利，北美13个殖民地正式独立成为美利坚合众国。

由于独立战争期间发行了大量国债，偿还债务和利息占用了大部分国家财政预算，国库严重亏空，财政入不敷出，联邦信用濒临崩溃。1785 年和1787 年，国会先后出台了《关于西部土地测量和出售法令》和《西北法令》。这两部法律规定，出售公共土地所得“用于偿还债务或者履行偿债业务……而且只适用于此类使用”。基于此，1790 年联邦政府将地方州的战争债务揽过来，并承诺偿还所有债务。

但是，由于美利坚合众国是以“私有产权”立国的国家，绝大部分土地掌握在私人手上，能卖的国有土地有限。所以，卖地还债一开始难以做到。但之后，一个偶然的事件促使美国国运出现了转机。

在杰斐逊任总统时期，法国拿破仑从西班牙手上取得了路易斯安那的殖民地，并控制了新奥尔良港口，如此相当于遏制住了美国密西西比河航运的出海口。

于是，杰斐逊总统派大使李维顿和门罗找拿破仑商谈，试图买下新奥尔良港口及周边土地。令杰斐逊没有想到的是，经过一年的谈判，原本寸土不让的拿破仑竟然决定将包括新奥尔良在内的整个路易斯安那地区，以1500万美元的价格卖给美国。

原来，此时拿破仑决心与英国开战而无暇顾及北美，若将这块地出售正好能为战争筹款，同时也卖了个人情给美国。

起初杰斐逊授意购买新奥尔良的价码是200万美元，而整个路易斯安那面积（214万平方千米）相当于上百个新奥尔良，却只要1500万美元，相当于每平方千米7美元，大约每英亩3美分。两位大使摸清拿破仑的算盘后当机立断地敲定了这笔购地买卖，并于1803年4月和法国签了购地条约。

美国联邦政府为了支付购地款，向外国银行借了不少钱，政府财政负担进一步加剧。于是，联邦政府决心盘活路易斯安那这片广袤之地，开启大规模卖地模式来偿还日益紧迫的巨额债务。

1804年，杰斐逊总统派遣刘易斯和克拉克组队，硬着头皮进入路易斯安那地区进行战略性勘探，绘制了详细的山川地貌以及矿产资源地图，同时摸清楚了西班牙、法国的遗留军事堡垒和印第安原住民区。

1806年，美国联邦军队进入该地区，开启土地征收。接下来，美国联邦政府开始大规模拍卖路易斯安那地区的土地。按照杰斐逊总统上台以后所制定的土地政策，购买土地的最低限度是160英亩，价格是1.64美元，购地者还可以获得一定的贷款。

这吸引了大量土地投机商抢购。投机商获得大块土地后切分为小块，又转手卖给置业者。随后，大批东部移民和欧洲移民进入路易斯安那投资置业。如此，轰轰烈烈的西进运动开启了新移民们心中的美国梦。如今很多美国富豪家族的祖先就是这批新移民。

当然，最大的获益者当属美国联邦政府。美国联邦政府规定，除创始13个州之外的新拓展的土地和新加入州的土地，都由联邦政府所有、管理和支配。除土地财政外，政治也是西进运动的动力之一。杰斐逊派使西部州沦为农业州，扩大了该派在国会上的投票权。

之后，美国的领土不断扩张，从西班牙手上夺得佛罗里达，强迫英国签约将领土延伸至大西洋沿岸，在美墨战争后购买了墨西哥95万平方英里的土地，将国界线延伸至太平洋东岸，控制了加利福尼亚金矿。到1853年，美国国土面积达303万平方英里，比宣布独立时的版图增加了7倍多。

如此，联邦政府获取了大量领土支配权，并通过拍卖土地获得巨额出让金。当时，联邦财政第一大收入来源是关税，第二大收入来源则是土地出让金。这就是美国早期的土地财政。

到1837年，联邦政府终于还清了所有债务，而且国库中还有大量的盈余，巩固了联邦财政和国家信用。

在土地财政的推动下，大量资金涌入房地产、铁路等领域，与此同时，联邦政府颁布实施了自由银行法（设立银行的最低资本金下调至10万美元），大批商业银行快速兴起，并提供大量信贷，房地产价格疯狂上涨，市场投机趋于失控。

拉斯·特维德在《逃不开的经济周期》一书中生动地记录了这一场恐慌危机：

“1832年仅有5900万美元，到1836年已经疯涨到了14亿美元……大量的流动性是由那些新开的银行创造出来的……这些钱并没有投资到新兴产业，其中大部分都流进房地产业用于投机。

“纽约所有东西的价格都高得离谱……房地产价格的快速飞涨并不限于纽约一个地方；芝加哥的土地价值也已经从1833年的156万美元涨到了1836年的不低于1000万美元。”

为了解决日益极端的人地矛盾，抑制疯狂的投机行为，联邦政府不断下调单块土地拍卖起点的面积，由《1785年的土地法令》的20480英亩，逐步下调至1796年的640英亩，再到1804年的160英亩，到1832年已下调到40英亩。

1836年7月，对纸币极为不信任且痛恨投机行为的杰斐逊总统签署《铸币流通令》，规定大多数购买土地的交易必须使用黄金或白银支付。杰斐逊希望以此来遏止全国的地产投机活动。

此时，联邦政府财政出现盈余，国会表决要求将财政盈余分配给各个州。根据该项决议，从1837年1月2日开始，联邦财政部每隔3个月就要从纽约的主要银行提取900万美元，然后将这些钱分配到各个州。

这一法令和财政部的做法，相当于直接抽走了市场的流动性，房地产和银行市场立即陷入紧缩。

联邦财政部提取第一笔900万美元时，推倒了第一块多米诺骨牌，接着恐慌与一系列破产事件发生，房地产进入疯狂抛售的恶性怪圈，大量银行因挤兑而倒闭。1837年底，全美所有银行都停止了金币兑付，股票市场大跌，全美90%的工厂停工，大量工人失业。这就是著名的“1837年美国大恐慌”。

“芝加哥一块土地在1836年曾经卖到11万美元，如今持续下跌，到1840年只卖100美元。由于地价下跌，那些购买了大片土地并将其分成更小的地块囤积起来的投机者开始认识到再也没有后续的购买者了。”①

这一次大恐慌持续时间很长，从1837年开始暴跌，直到1842年也就是危机发生5年后，全美大部分房价才最终跌到谷底。

---

① 拉斯·特维德. 逃不开的经济周期[M]. 董裕平，译. 北京：中信出版社，2012.

1837年3月的《先驱报》上一篇社论这样写道："美国从来没有处于现在这样的危险境况。我们现在被商业恐慌包围着，这场恐慌正在发出巨大的威胁，它要破坏我们社会的一切事务——要毁灭我们的整个构架，要把大片地区变成废墟，要把我们一半的银行机构从地面上抹掉，要点燃那些最浮躁的热情，并且制造突变，最终让我们的国家停滞不前。"

大恐慌导致全美房地产价格崩盘，市场交易几乎停滞，很多人失去了土地和房产，大量土地被荒废，到处是烂尾楼房与工地，基础设施和土地开发处于停滞状态。

为了激活土地市场，美国联邦政府颁布并实施了一系列法令：

1841年，美国颁布了《优先购买权法案》，目的是使占有并改良了国有土地的定居者，有权以低廉的价格，在没有竞争的情况下优先购买国有土地。这一法令赋予了定居者（低价）占有国有土地的权利，并催生了此后的《宅地法》。

1854年，美国国会通过《土地价格递减法》。该法律规定，针对上市多年而没有销售掉的土地，按与其上市时间成反比的规则重新核定上市价格，上市时间越长，出售价格越低。据统计，按此法令，美国共出售2600万英亩土地，平均每英亩的价格为0.32美元。该法律是此后免费对西部地区定居者提供宅地的一个过渡，有利于西部开发与普通定居者获得土地。

1861年，美国内战爆发。1862年，战争打得难分难解之时，林肯总统颁布了《宅地法》。

《宅地法》规定，凡一家之长或年满21岁、从未参加叛乱之合众国公民，在宣誓获得土地是为了垦殖目的并缴纳10美元费用后，均可登记领取总数不超过160英亩[①]宅地；登记人在宅地上居住并耕种满5年，就可获得土地执照成为该项宅地的所有者。

这部法律的颁布是出于战争需要，希望获得广大中下层民众的支持，保障军力的供给。但是，这部因战争而颁布的法律，实际上将大部分国有土地以近乎免费的方式分配给了新移民，这就直接终结了美国联邦土地财政的历史。1862—1900年，至少有60万个迁入美国西部的家庭从中得到好处。黑奴只要帮助北方军队打仗，便可获得一定的土地，从而成为有财产的自由人。

1837年，美国国会表决要求将财政盈余移交给地方各州。如此，联邦政府缺乏获取土地财政的直接动力。而《宅地法》推动土地私有化后，地方政府也失去了攫取土地财政的条件。可见，土地私有化是终结美国土地财政的关键。

之后，联邦政府与地方政府优化财政分权，地方政府具备一定的税收权力和支出责任范围，可自主决定其预算支出规模与结构。

---

① 1英亩≈0.40公顷。

在财政压力的驱使下，地方政府逐渐从房地产的转让环节转向保有环节征税，不动产税也由此诞生。

早在1818年，美国伊利诺伊州就开始实行一般财产税制度，对各类动产、不动产实行同一税率征收。

南北战争结束后，为了克服普遍存在的财政危机，各州政府开始引进不动产税，针对房屋和土地进行课税。

到了20世纪初期，随着美国城市化进程的加速，各州及地方政府为了解决公共开支的问题，启动了一系列税收改革及平衡政策，开启了第一轮不动产税制度变迁。一方面推行低收入家庭和老年人的减免税收政策，另一方面针对拥有房产的高收入人群征收不动产税。

进入20世纪70年代，美国各州再次大规模出台了新房产税政策，开启了房产税的第二轮制度变迁。其间，最具影响力的就是加利福尼亚州在1978年的第13号提案，该提案囊括了计税房价调整、交易环节减免重复征税、税收增长限制等方面，为其他各州重构房产税制度提供了蓝本。

如今，美国已经形成了一套较为完整的不动产税税收体系。美国不动产税，以土地、不动产及建筑为征收主体，具体税率及优惠政策由州、市政府根据各级预算制定。美国不动产税是一种典型的地方税制，由联邦和州立法，地方政府执行征收，目的是为各州及地方政府提供持续可靠的财政收入，从而为本地城市公共用品提供稳定的资金支持，主要用于提供消防、治安、道路交通、教育、环境改善等公共服务。

不动产税现已成为美国地方政府尤其是县区级政府的主要收入来源。根据美国统计局2015年统计报告的数据，不动产税约占地方财产税收入的75%。对于县、市镇、特区等地方政府来说，财产税的占比则较高，主要在50%~75%，其中特区更是高达95%，几乎全部依赖财产税。

在美国地方财政体系中，不动产税具有明显的强化趋势。美国统计局的数据显示，2002年以来不动产税占地方政府的税收收入不断提高，剔除联邦和州的转移支付收入后，不动产税占总财政收入的50%左右。在新泽西州和密西西比州，2015年房产税收入占总收入的比重高达90%以上。

目前，美国全国在房地产的保有环节都开征了不动产税。税率按“以需定收”原则确定，各地差异较大，总体分布在0.2%~2.5%。[①]

不动产税已经成为美国居民在住宅消费上的第二大支出，占家庭收入的3%左右。美国人口普查局主持的美国社区调查的数据显示，全美各州平均家庭房产税支出的中位数（按年度估算口径）由

① 陈慎. 美国如何征收房产税[EB/OL].（2018-03-12）[2023-04-06]. https://www.guancha.cn/economy/2018_03_12_449817.shtml.

2007年的1838美元升至2016年的2340美元，占全美家庭收入中位数的比重由3.66%逐渐攀升至3.96%。其中纽约州及其周边新泽西州的家庭缴纳的房产税最高，中位数超过7000美元，而密西西比、阿拉巴马等州最低，均不到1000美元。

02
中国之路：从分税制改革到土地财政，再到房产税

综上所述，我们可以得出以下两个结论：

一、土地财政不利于经济持续增长

土地财政是一个国家在非常时期，如建国初期或债务如山时，挽救财政危机，建立国家信用的一种紧迫手段。但是，仅此而已。

倘若像美国早期一个主体控制大部分土地，并以此来融资获得巨量的收入，会导致三大问题：一是土地垄断租金的出现——土地财政化，财政货币化；二是土地资源错配，降低土地利用率，形成人为的市场垄断；三是货币和银行信贷容易失控，资产泡沫膨胀，

债务高企。

1837年，美国土地财政下的房地产泡沫引发大恐慌，终结了这场30多年的土地财政盛宴，留下了惨重的历史教训。房地产泡沫破灭后，经济陷入长期萧条。直到11年之后，即1848年加利福尼亚州发现金矿，整体经济才开始好转，房地产才得以复苏。

二、房产税是一种长效机制

一般而言，当经济在大发展、房地产在大开发时期，政府容易依赖土地财政和间接税收，在土地出让金、房地产转让环节可以获得巨额财政收入。但当经济进入稳定期，房地产从开发周期进入保有周期时，政府税收必须由间接税转向直接税（财产税、所得税）为主，如房地产保有环节的房产税。而中国保有环节税目前在整个房地产税收体系中仍处于边缘地位。

土地财政是一个观察中国宏观经济走向的重要视角。

与美国类似，中国走上土地财政之路也不是顶层设计而来的，而是在财政困境中摸索出来的，准确而言是中央与地方财政事权不断协调、妥协之结果。

土地财政的前提是土地国有化。1954年中国《宪法》规定，“国家依照法律保护农民的土地所有权和其他生产资料所有权”。到

1956年，全国农村实施土地集体所有制。真正确立土地国有化政策的是1982年的《宪法》。这部《宪法》规定："城市的土地属于国家所有。农村和城市郊区的土地，除由法律规定属于国家所有的以外，属于集体所有。"

到了20世纪80年代末，中国引进了土地拍卖制度，允许地方政府拍卖国有土地使用权。1994年分税制改革，中央回收了部分税权，地方政府获得城市土地出让收益权。从历史来看，分税制改革之后，中央财政充裕，支撑其在20世纪90年代末经济艰难时期顺利推行大规模改革以及基础设施建设。而财政紧张的地方政府开始"穷则思变"，试图扩大土地出让收入。值得注意的是，美国是联邦政府卖地，而中国是地方政府卖地（土地使用权），前者产权发生变化，后者产权没有发生变化。

1998年，房地产市场化改革开启破冰之路。加入世界贸易组织（WTO）之后，中国经济腾飞、城市化大迈步，相应带来的投资热度与市场需求上升，再加上央行外汇占款快速增加推动的货币宽松，以及国有商业银行的壮大，共同为这个行业创造了天时、地利与人和的条件。

2003年，《招标拍卖挂牌出让国有土地使用权的规定》出台，标志着中国房地产正式启动增长模式，地方政府的土地财政持续增加。

不过，在2008年以前，房地产的快速扩张，土地财政的蒸蒸日上，还只能算是乘经济之热潮，受投资之簇拥。但是，2008年金融危机后，在宽货币、宽信贷的支持下，房地产的发展轨迹逐渐脱离了市场化之路，出现了房地产货币化、泡沫化。

地方政府依赖土地融资，商业银行依赖地产信贷，城投公司及国有房企依赖土地及信贷资本，金融公司依赖地产抵押之上的批发性资本，私人资本依赖直接的楼市套利，社会公众依赖由此带来的安全感与幸福感。

总结起来，中国房地产历经20世纪90年代末的“财政破局”、2003年后的“乘势而起”、2008年后的“货币大潮”三个阶段，与土地财政、银行信贷形成一股强大的惯性势能。

2019年后，随着棚改货币化收官倒计时，货币政策转向稳杠杆和结构性加杠杆，资产泡沫风险增加，金融监管强化以及国际环境紧缩，中国房地产行业定位发生了变化：从稳增长到防风险，退出了拉动经济增长的生力军行列，政策定调变为抑制泡沫，防范金融风险；同时，推动房产税的试点改革，完善国家税制，促进土地财政逐渐向有长期收益的房产税转变。

但是，在地方层面，土地财政的惯性却需要时间缓冲。

根据Wind数据，2020年，土地财政依赖度［以政府性基金收入÷（一般公共预算收入+政府性基金收入）来衡量］超过100%

的城市有20个。土地财政依赖度超过50%的城市有40个。以西安市为例，2020年该市土地出让收入为1058亿元，一般公共预算收入为724.1亿元，土地财政依赖度高达146.11%。

房地产价格膨胀、土地财政扩张的背后是信贷及债务风险加剧。

根据中国人民银行官网数据，2021年一季度末，居民中长期贷款新增1.98万亿元，刷新了2020年三季度1.8万亿元的纪录，同比增长57%，而居民中长期贷款的大部分构成就是房地产按揭贷款。2020年末，住户部门的债务余额是73.6万亿元，同比增长14.6%，房贷占家庭总负债的70%以上。中国人民银行发布的政策研究显示，2021年一季度我国宏观杠杆率为276.8%，其中，居民杠杆率为72.1%，政府部门杠杆率为44.5%，企业部门杠杆率为160.3%。[①]

从2020年底开始，政策试图控制房地产企业扩张和价格继续上涨，避免出现系统性金融风险。从远期来看，房地产价格如果持续上涨，外部方面，金融开放的压力越来越大，堰塞湖风险也越来越大；内部方面，对生育率、消费及社会信心的打击越来越重，同时债务风险越来越高。

解决房地产的问题，一是控制货币及信贷扩张，二是转变土地

① 2022年一季度金融统计数据报告[R/OL].（2022-04-11）[2023-04-06]. http://www.pbc.gov.cn/goutongjiaoliu/113456/113469/4527980/index.html.

财政依赖模式，三是增加公共住房投入。房地产到了今天这个地步，必须扭转土地财政的惯性，将征税的主体转向保有环节，形成稳定的以直接税、房产税、财产税为主的长效机制。

土地财政与房产税有本质区别。土地财政的收入来自卖地，这是一种垄断租金。正如新制度经济学家诺斯所研究的，财政制度改革必须将政府的收入与国家、国民的利益方向调成一致。房产税是一种长效机制，概念类似于“物业费”。地方政府通过征收房产税，用于改善周边交通、安防、教育等设施，以维持稳定的居住环境。

但是，房产税的立法与征收，其复杂性与艰巨性远远超出税制改革的范畴。

当下，房地产泡沫风险大，土地财政规模庞大，房产税征税面临的挑战是复杂的。这一制度切换需要考虑两个方面的社会成本：

一是从发达国家的历史来看，从间接税转向以直接税为基础的完善税制，都经历了漫长而艰难的阵痛期。

英国个税源于小威廉·皮特时代的1798年“三部合成捐”，几度兴废，直到1874年威廉·格莱斯顿任首相时，才在英国税制中固定下来，时间长达80年。

德国从1808年普法战争失败开始，经历80余年，到1891年首相米魁尔颁布《所得税法》，个税制才正式建立。

美国在1861年南北战争爆发后开征所得税，1872年废止。总统塔夫脱再提个税开征，被最高法院宣布违宪。直到1913年第16条宪法修正案通过，个税才得以确认。

税收是一国之本，税制切换就是利益分割，其中博弈冲突不可避免。在韩国，房产税的出台经过了艰难的斗争，财产问题对韩国政界冲击很大。政治因素是韩国房产税出台最大的阻力。

二是房产税试点，是一个折中温和的过渡性方案。

房产税改革试点，而不是房产税立法，说明这是一个折中的、稳健的过渡性方案。与立法和全面实施相比，试点改革更具柔性、灵活性、局部性和时间缓冲。

很多人关心，征收力度有多大？几套起征或者人均多大面积免征？租金会不会上涨？如果征收力度大，会不会误伤普通家庭或者打击房地产市场？如果征收力度偏小，那么房产税能够覆盖巨额的土地出让收入吗？

根据“泽平宏观”的研究分析①：

以2017年土地出让收入5.2万亿元为标准，要使房产税超过土地出让收入；免征面积为0平方米时，税率需在2.5%以上；免征面积为12平方米时，税率需在4%以上。因此，如果免征面积超过12平方米，税率在4%以内，房产税无法替代土地出让收入。

---

① 夏磊，黄什．房地产税能否替代土地出让收入？[EB/OL].（2019-03-12）[2023-04-06]. https://mp.weixin.qq.com/s/mKDQpzCYmAqY4vTSVohQ8Q.

但考虑到财政收入减少的风险，中国可能会走中间路线，即从直接税到间接税与直接税并行，土地财政与房产税并举。这里需要考虑是否重复征税的问题。所以，财政改革是一个系统工程。

房产税，是一个国家财政、社会改革的艰难一跃。若跳不过去，土地财政的惯性势能可能越来越重；若跳过去了，房产税似乎无多神奇。

参考文献

[1] 拉斯 · 特维德. 逃不开的经济周期[M]. 董裕平，译. 北京：中信出版社，2012.
[2] 赵燕菁. 土地财政：历史、逻辑与抉择[J]. 城市发展研究，2014，21（1）：13.
[3] 高波. 财政向房地产税收财政转型的现实困境与突破路径[EB/OL].（2017-05-15）[2023-04-06]. https://idei.nju.edu.cn/1a/d6/c26392a531158/pagem.htm.

深圳案例

深圳这座城市的精神从来都分外鲜明：敢闯敢干、敢为人先、埋头苦干。

一条道路、一种精神，贯彻在深圳发展壮大的40多年中。但是，深圳也备受高房价的困扰。

深圳的经济发展模式值得研究、借鉴，深圳的现在和未来，值得关注、思考。

何谓深圳模式?

深圳经济特区建立40周年之际，中央印发了《深圳建设中国特色社会主义先行示范区综合改革试点实施方案（2020—2025年）》（以下简称《示范区实施方案》），给深圳提出了27项目标任务要求。

深圳再次成为焦点：深圳的下一个五年、十年会怎样？在当前复杂的国际局势以及不确定的宏观经济下，人们关注这座前沿城市，深藏着一种底层的期待：中国改革接下来怎样走?

本部分以“深圳40年”为切入点，用经济学理论剖析中国改革的经验及挑战。

01
制度变迁　过去改革的成功经验

过去40多年中国经济制度是怎样演变的？

笔者认为两个方面很重要：一是将权力和资源下放给市场；二是产权制度的变迁。

1979年，中国第一个工业区——深圳蛇口工业区开始动工。承担建设蛇口工业区的公司，正是天字一号、蛰伏在香港多年的招商局。

当时中央对改革试验田的态度是不纳入中央计划、不拨款，通过松绑政策支持。中央给予袁庚的“松绑政策”是拥有自主审批500万美元以下工业项目的权限和允许对外资银行举债。

袁庚没有用当年唐廷枢公开募股的方式解决资金问题，而是回到香港，向港商和银行借来15亿元资金，用这笔钱来平整土地和建设工业区基础设施。

中国改革其中一条经验是打破制度上的束缚，让大量的权力与资源重新回归市场，让农民、工人、企业家、工程师、企业及地方政府发挥作用。改革开放早期，地方政府是经济增长的第一发动机，然后才有企业家、工程师等。这就是张五常先生提出的“县际竞争”理论。

光放权是不够的，我们不能忽略制度建设的作用——产权制度改革。国企改革、股份制改革、土地改革都是产权制度变迁，下面以土地改革为例。

1980年1月1日，一位叫刘天就的香港商人与政府签订了深圳第一份土地租赁协议。

他计划在这块地上建一栋房子，并取了一个完全没有革命色彩的名字“东湖丽苑”。不久他拿着房子的设计图纸来到香港，仅仅3天就将“纸上”的108套房子销售一空。

但是，东湖丽苑项目在当时是没有制度支持的，只能算是特事特办的案例。中国的土地制度该怎么改革？ 1982年1月1日，农村集体土地实施“包产到户”改革，产权还是集体产权，经营权承包给个人。

城市土地是国有土地，该如何改革？如果土地交易不激活，工业化、城市化都很难推进。

20世纪70年代，也就是改革开放前夕，新制度经济学兴起，科斯、诺斯、阿尔钦等建立了一套完整的理论。这套理论为中国土地产权改革提供了指导。

这时，有一位学者试图将这些理论介绍到中国，他就是阿尔钦的学生张五常。1980年12月，科斯在美国底特律跟张五常说：“听说中国有可能改革，你要回到中国去。”

当时张五常并没有回中国的打算。科斯跟他解释：“没有人怀疑你在美国的学术成就，但中国要改革，他们不知道怎样做才对。经济制度的运作你比任何人知道的都多，又懂中文，他们不改无话可说，但如果真的要改你回到中国的贡献会比留在美国的大。”

一年多后，张五常就回到香港大学任教，他开始琢磨如何才能让中国决策层接受他带回来的市场理论。

张五常为此费了一番心思。据他自己回忆：我要把哪位朋友的名牌打出去推销呢？我的老师阿尔钦被誉为产权经济学之父，但他的重要贡献是产权与竞争的关系，解释起来不会一招打中中国需要改革的命脉。科斯呢？他提出的观点与角度够新奇，有深度，也可以完全避开当时的意识形态之争。于是我集中于从交易费用与权利界定这两项科斯的看家本领入手。

张五常曾在《中国的经济制度》中写道：“没有更好的时间，没有更好的地方，也许没有比我这个写手更好的推销员，在八十年代的中国推广科斯的思想。”

于是，回到香港后的张五常写了一篇名为《中国会走向资本主义的道路吗？》的文章。这篇文章第一次向中国内地介绍了科斯的思想。接着，张五常一口气写下了《卖桔者言》《中国的前途》《再论中国》3本书。

1986年，张五常在《信报》上发表了《出售土地一举三得》，建议深圳通过出售土地的方法来解决发展经济急需的资金问题。

1987年，深圳探索土地拍卖制度，请张五常到深圳研讨。张五常建议，将土地所有权与使用权分离，拍卖使用权获取资金。

几个月后，即1987年12月1日 ，全国第一块土地举行“公开竞投”。深圳方面有人去香港大学找到张五常，问他哪里可以借得一个拍卖时用的木槌……当时，会场坐了700多人，包括中央及省（自治区、直辖市）领导、60多位国内外记者，还有一批竞拍房地产商。

最终，深房集团以525万元的天价拿下了中国首次公开拍卖国有土地的使用权。深房集团在这块土地上建起了深圳东晓花园。新房发售后，不到一小时就卖完了，深房公司净挣近400万元。

1988年4月12日，七届全国人大一次会议修改了《宪法》有关条款，将原来《宪法》中“禁止出租土地”的条款删去，明确规定“土地的使用权可以依照法律的规定转让”。

改革开放，光开放是不够的，只有明确产权问题，国外技术、资本才会更顺畅地流入，才能更好地参与国际市场。

02
效率递减　当下改革的关键难题

其实，在中国土地产权改革方面，张五常没有使用科斯的绝对产权理论，而是使用其擅长领域的“相对产权”——合约责任。

根据产权理论，有绝对产权和相对产权。绝对产权改革，比如直接土地私有化；相对产权改革，是指通过租赁合约来完成产权的分化、界定与交易。张五常选择了后者，土地产权还是国有的，只是将土地的使用权分离出来并上市流通。他引入了香港的批租制度，建议将城市土地以租赁和拍卖的方式实现使用权的自由流通。

中国的土地改革是政府主导的自上而下的渐进式改革。张五常主张的相对产权符合这一改革逻辑。

从这一渐进式改革的路径来看，中国改革追求的是卡尔多-希克斯效率[①]。所谓卡尔多-希克斯效率，指的是从结果中获得的收益完全可以对所受到的损失进行补偿。卡尔多-希克斯效率采用的是整体性补偿原则，即只要改革后的收益大于改革前，那就是有效率的，问题无非是如何用收益去补偿改革损失方。

① 卡尔多-希克斯效率，是指经过变革后，第三者从结果中所获取的收益可以覆盖所遭受的损失，整体的效益较之前得到了改善的理想状态。

制度改革是一个替代过程，以一种更有效率的制度替代低效率的制度。中国将使用权租赁的土地制度是一种更有效率的制度。同时，制度变迁还是一个交易过程。这个交易就是上面所说的补偿原则。诺斯认为，只有改革的收益大于改革的成本时，制度变迁才会发生。所以，张五常用“相对产权”来推动中国的土地产权改革，可以称得上是“曲线救国”。

但是，很多经济学家往往并不主张卡尔多－希克斯效率，因为经济学不支持整体思维和补偿机制，不能为了某一方而牺牲另一方的利益。这其实是帕累托效率①的理念。

在20世纪，美国法与经济学界存在这两个对立的立法准则。按照科斯的理论，如果交易费用为零，卡尔多－希克斯效率可以晋升为帕累托效率。但是，现实中交易费用不为零，改革总是伴随着各种阻碍。转轨时期的中国，没有完善的自由市场，无法达成理想的帕累托最优，追求卡尔多－希克斯效率是改革现实可行的选择。这种改革是有效的。

但是，随着时间的推移，卡尔多－希克斯效率在理论上的缺陷会暴露出来，即违背了经济学上的“方法论上的个人主义”，以及自由市场的“自发秩序”。最初改革的卡尔多－希克斯效率到后面

---

① 又被称为“帕累托最优”，是指经资源分配的一种理想状态，在经济生产中各种资源的配置效率达到了最佳。

容易遭遇诺斯的国家悖论以及奥尔森的集体行动困境，最后变得低效率。

这就是卡尔多-希克斯效率递减问题。诺斯的国家悖论和奥尔森的集体行动困境背后是制度变迁的卡尔多-希克斯效率递减。具体来说包括以下两点：

一是前期改革的边际收益高，后期改革的边际收益低，后期改革的收益不足以补偿损失。

改革往往是先易后难，先改收益大后改收益小。比如土地改革，土地私有化阻力要比土地使用权批租的改革大得多。同时，土地使用权批租可形成足够大的“蛋糕”，以补偿改革的损失方。但是，如果一项改革没有形成自由市场，卡尔多-希克斯效率会呈现边际递减。前面的改革已经形成了巨大的收益，后面改革的收益无法覆盖现有的损失，这样改革定然陷入僵局。

二是基于租赁合约的“相对产权”改革，给中国土地及房地产市场带来很高的交易费用。

相对产权改革和使用权批租，导致土地供给单一，房地产价格扭曲，金融风险大增。近些年中央一直在强调稳房价、稳地价和控制金融风险。

所以，卡尔多-希克斯效率在理论上的缺陷也是如今深圳乃至中国改革在实际中的挑战。

我们回到《示范区实施方案》，其中有两个方面引人关注：

一是“赋予深圳在重点领域和关键环节改革上更多自主权”，这相当于坚持了前文所讲的过去改革的第一条经验，将更多权力和资源下放到自由市场。

二是“授权的永久基本农田以外的农用地转为建设用地审批事项委托深圳市政府批准”，这是前文讲到的第二点产权制度改革。

土地被认为是深圳下一个十年的“瓶颈”。深圳“十三五”规划划定了974平方千米的生态控制线和270平方千米的工业用地红线，合计占深圳土地面积的62%。

深圳住宅用地占建设用地的比例是22.6%（深圳住建局《住房发展2020年度实施计划》），远低于全国平均的33%以及国际上40%以上的水平。公开数据显示，深圳的人均居住面积只有19.7平方米，低于广州的25平方米，与东京32.4平方米、纽约40平方米、旧金山46.5平方米的水平存在较大差距，仅高于中国香港的16平方米。同时，深圳的房价仅次于香港，房价收入比是全国最高的，高达34.2，超过香港的21（2018年）。

深圳需要着力解决高房价形成的挤出效应和金融风险。解决的根本办法在土地供应上，即加大居住用地的供给。怎么解决土地供给？

一是扩容，向数量上发展。

二是改革，向效率上改进。

深圳已建成的面积达到923平方千米（2016年），约占可建面积（1023平方千米）的90%。从2016年开始计算，如果不考虑填海等，深圳能够使用的新增土地面积不超过100平方千米。所以，深圳想要增加住房供应只能在存量土地上进行优化，主要是城中村土地和工业用地改革。

深圳住建局数据显示，深圳共有1082万套住房，其中城中村住房507万套，占比达到46%。换言之，深圳最大规模的城中村的土地及房产，因受制于产权，无法上市自由流通。这部分土地资源的效率还有待改进。

《示范区实施方案》将城中村土地改革的权力下放到深圳政府。很多人猜想，深圳政府是否会大量改造城中村，为市场供应大规模的居住土地，解决深圳的住房问题？

03

突破方向　未来改革的思维切换

这是一个很好的案例。这时，我们可以思考制度变迁是否递减。

经济学告诉我们，任何人都是在边际上做选择的。改革是有成本的，是否改革、如何改革取决于改革的边际收益和边际成本之间的权衡。当边际收益大于边际成本时，改革才会进行，并出现卡尔多-希克斯效率。

深圳城中村改造同样需要权衡几个问题：一是城中村的集体土地如何处理产权；二是改革的动力是什么；三是改革的边际收益是否大于边际成本；四是城中村土地用于保障房建设还是商品房建设。这就是改革的卡尔多-希克斯效率到今天面临的问题。

2023年，深圳计划建设筹集保障性住房18.5万套。要实现这一目标，需要大量改革城中村土地，并用于建设大规模的保障性住房。

如今深圳城中村土地价值连城，保障性住房建设的收益如何覆盖城中村村民的机会成本？这也是过去几年深圳旧改的难题。深圳旧改的难题说明卡尔多-希克斯效率在递减。与城中村土地改革相比，盘活存量闲置的工业用地，将其改造为居住用地或住房的难度要小一些。比如深圳北环一带的原工业厂房、仓库及工业宿舍正在逐步改造。在这一领域的卡尔多-希克斯效率依然存在。

20世纪80年代的深圳土地拍卖促进了相关法律的修改。当时的改革具有足够大的预期利益促进制度变迁。如今《示范区实施方案》印发，引起了人们对深圳的期待，以及对改革开放的进一步期待。深圳能否再次推动制度变迁?

从根本上说，如今的改革需要解决卡尔多-希克斯效率递减的问题。

理论上，如果交易费用为零，卡尔多-希克斯效率可以晋升为帕累托效率。改革的关键是最大限度地降低交易费用。

我们可以做个比较：过去的改革可以理解为县际竞争+卡尔多-希克斯效率。这是过去经济增长的动力所在。

张五常在《中国的经济制度》中提出县际竞争。所谓县际竞争，是指以县政府为主体的相互竞争的发展模式。在税收包干制和政治绩效激励下，县际相互竞争，其中县政府是主力军、发动机，比如招商引资、投资基建、国企改革，创造了卡尔多-希克斯效率。这就是改革的动力。

当卡尔多-希克斯效率出现递减时，未来的改革应该从特区模式到顶层制度安排，从卡尔多-希克斯效率到帕累托效率，从县政府竞争到企业家竞争。其中的关键是，顶层制度安排创造低交易费用的全国性的乃至全球性的自由市场，让企业家、农民、科学家、工程师、工人发挥作用。

以土地改革为例，破解现有的难题需要顶层的土地制度改革。

还有央行的信贷政策基本决定了房地产领域的收益。如果信贷政策持续宽松，现有房地产的收益持续扩大，土地改革的卡尔多-

希克斯效率就更低。

所以，只有顶层推动土地制度改革以及管控信贷，才能将土地及房地产回归自由市场，实现企业家竞争和帕累托效率。当然，政府依然需要建设大量的保障性住房。

又如国际竞争关系。深圳作为一个开放型城市，不仅贸易依赖国际市场，信息、技术、资本都依赖国际市场。国际市场给深圳带来经济增长表现在以下两个方面：

一是经济全球化下的产业分工。

根据斯密定理，市场规模深化劳动分工，促进技术进步。国际市场是一个产业分工更加精细的大市场，任何国家加入国际市场，本身就意味着在更高级别的产业链中竞争与合作。这就是斯密式增长。

以苹果手机为例，苹果手机的大量组装及配套在中国完成，中国形成了以苹果手机为核心的高标准、高效率的产业供应链。深圳加入国际电子市场，形成了强大的电子制造产业。深圳的生物医药产业在国内具备竞争力，其中75%是医疗器械，而不是生物制药。为什么？是因为深圳的电子制造能力强。

二是经济全球化下的技术转移。

技术转移，是过去中国经济高速增长的关键所在。但是，技术转移的前提是经济全球化下的产业分工。技术转移有几种途径：一是信息在自由市场中的自然传播，这是经济的外部性；二是商业化技术转让；三是国际产业分工的投资合作及供应链关系；四是“干中学”，在学习中创新。

深圳，是中国开放型城市，也是创新型城市。对外贸易越大，越融入国际市场，越能够获得国际技术的输入。技术进步带来的增长，我们称为罗默式增长。

但是，这里存在两个问题：

一是深圳能否深度参与国际市场，企业家能否在国际市场中自由竞争，取决于国家层面的经贸秩序。

国内制度在变迁，国际制度也在变迁。当今国际秩序需要解决制度上的“米德冲突”[①]，创造更好的国际环境，深圳可深度参与国际市场，实现分工精细化和技术创新。

二是国际技术转移带来的新技术，相当于外生变量，这是新古典主义范式。罗默式增长将技术纳入内生变量，技术内生的途径是学习及创新，根本上还是制度。在诺斯看来，制度变迁比技术变迁更重要，因为制度为技术创新提供条件。

所以，国家制度变迁需要为技术创造内生条件，包括低泡沫的金融市场、基础教育及良好的国际技术环境等。

---

① 由英国经济学家米德提出，指的是在固定汇率制度下，国家会面临外部国际收支平衡与国内经济增长、就业之间难以兼顾的冲突。

诺斯提出了国家制度变迁的两个路径：一是租金最大化；二是降低交易费用促使社会产出最大化，从而使国家税收最大化。前者租金型经济导致卡尔多-希克斯效率递减，进而阻碍了制度变迁；后者制度变迁带来经济效率。

所以，从卡尔多-希克斯效率递减到帕累托效率，是中国改革突破的关键。

参考文献

[1] 张五常. 经济解释[M]. 北京：中信出版社，2015.

[2] 张五常. 中国的经济制度[M]. 北京：中信出版社，2017.

[3] 埃里克 · 弗鲁博顿，鲁道夫 · 芮切特. 新制度经济学[M]. 姜建强，罗长远，译. 上海：上海人民出版社，2012.

[4] 曼瑟尔 · 奥尔森. 国家的兴衰[M]. 李增刚，译. 上海：上海人民出版社，2007.

[5] 道格拉斯 · 诺斯. 制度、制度变迁与经济绩效[M]. 杭行，译. 上海：格致出版社，2008.

深圳发力新基建

近年来，新基建成为财政政策发力点的一大指向点。新基建与当前中国追求高科技的诉求高度契合。

本部分从宏观经济分析框架出发，探索到微观经济逻辑，分析资本在技术创新中的作用，试图为一般性经济增长提供一些启示。

01
稳增长，靠什么？

从宏观经济学的角度来看，或者按照过去的经验来看：

首先，消费预期转弱，市场需求收缩。国家统计局发布的数据显示，2023年7月，社会消费品零售总额36761亿元，同比增长2.5%。其中，除汽车以外的消费品零售额32906亿元，增长3.0%。

可见，消费难有起色。

其次，房地产发力的空间不大、难见起色。根据国家统计局发布的数据，2023年7月，房地产开发投资额为9167亿元，同比下滑18%。7月商品房销售面积为7048万平方米，同比降幅收窄至24%，为2012年4月以来最低。商品房销售额为7358亿元，比2022年4月的历史最低点8100亿元还低，跌至2015年的水平。稳经济有稳房价、稳地价、稳预期的需求，但去杠杆、防范风险的压力依然很大。

再次，出口。2021年出口制造一枝独秀，是经济增长的主要领域。但是随着外需疲软，出口增速大幅放缓趋势难挡。2023年上半年，中国出口金额达到1.66万亿美元，同比下滑3.2%。

又次，制造业投资增速缓慢，两年平均增速基本转正。内外需求均有待发力，制造业投资增速很难再度提振。

最后，基建投资边际递减，传统基建的投资空间不大。

近年来，中国基建投资增速下降比较明显。2015—2017年，基建投资处于高增长期，年均增速约15%。2018年开始明显下降，基建投资增速在4%左右，2020年降到3.4%左右。同时，基建需求下降，基建投资对经济的拉动作用也在递减。中信证券研究部的研究数据显示，截至2017年末，单位基建投资对GDP增长的拉动作用已由2004年的9.30降至2017年的4.69，缩减幅度近50%。

最近几年，基建投资对经济增长的拉动更弱，投资回报率更低；反过来，基建扩张增加了地方债务风险。

通过以上分析，综合来看，经济稳增长，靠什么？

从宏观经济学的角度来看，房地产、制造业的投资增长空间有限，出口将平缓回落，内需持续稳定，估计还是从财政政策入手，继续发力基建。

过去，财政政策的方向主要在基建投资上，但如今基建投资的空间有限、风险上升。2021年地方专项债发行进度缓慢，为什么？专项债主要用途是基建，基本是传统基建。

地方政府考虑到传统基建的重复投资风险、基建过剩的风险，降低了发行专项债的意愿。同时，一些传统基建没能通过财政部的审批。如果传统基建的有效投资不足，那么，未来扩张的专项债投向哪里？

传统基建肯定还是大头，但一个新方向就是新基建，即适度超前开展基础设施建设，支持投资高质量基建。

什么叫新基建？铁路、公路、机场、港口码头、隧道等“铁公基”属于传统基建。一般来说，将以信息网络为基础、技术创新为驱动的基建定义为新基建。《深圳市关于加快推进新型基础设施建设的实施意见（2020—2025年）》将新基建定义为：以新发展理念为引领，以技术创新为驱动，面向高质量发展需要，提供数字转型、智能升级、融合创新等服务的基础设施体系，具有数字驱动、技术迭代、产业赋能等特点，主要包括信息基础设施、融合基础设施和创新基础设施三大类。比如，5G通信网络、城际高速铁路和城际轨道交通、新能源汽车充电桩、大数据中心、人工智能、工业互联网。除此之外，还有集成电路、量子信息、物联网、智能驾驶、工业机器人、氢燃料、新材料及航空航天等领域的基础研究。

从规模来看，新基建的比重目前比较低。国泰君安的研究数据显示，2020年13个省（自治区、直辖市）总金额为17.6万亿元的基建投资项目（PPP项目）中，传统“铁公基”项目是大头，约7.1万亿元，占比接近41%。而新基建（信息网络建设、光电、充电桩、生物质能、智慧城市、科技等）不足1000亿元，占比只有0.5%。类新基建项目，如轨道交通、园区开发、垃圾发电等，在PPP项目库中大约为2.6万亿元，占比14.7%左右。二者加总占比不过15%左右。另外，疫情之下，人们关注的医疗卫生，只有3000亿元左右的项目，占比1.7%。

2021年，财政资金也有意识地加大了新基建的投入力度。数据显示，截至2021年10月，新基建方面，太阳能发电装机量同比增长了23.7%，风电装机量累计增长了30.3%，充电桩保有量同比增速在50%以上。而传统基建投资增速缓慢，如道路运输业投资累计增速仅为1.2%。

那么，新基建的发力点应该在哪儿？

02
新基建，如何投？

新基建投资规模相对较小，目前的投资增速加快。但是，新基建投资依然受到以下几个方面的制约：

一是新基建受制于技术创新，如氢燃料的加氢站、智慧交通网络、卫星通信都需要强大的技术支撑。但是，中国多数省份并不具备这方面的技术基础，政府在新基建方面的立项难度很大。

二是新基建的需求尚未爆发。很多新基建属于“超前”基建，如5G网络，如果大规模建设5G网络，但是其需求没能跟进，就容易造成资源闲置。

三是新基建的投资规模大、风险高、周期长、失败率高，多数地方政府缺乏足够的资金持续投入，同时难以承受巨大的投资风险，担忧地方债务攀升后果。

新基建对技术基础和政府财政的要求都很高，满足这两项条件的有哪些城市？很多人都会想到深圳。同时，与其他城市相比，深圳财政充足，技术力量强，投资新基建的基础更好。

从实际经济产值的角度分析深圳经济，发现深圳的居民杠杆率高增加了经济泡沫，但政府杠杆率低又抑制了经济水分。深圳对土地财政的依赖度较小，收入多来自税收。2021年上半年，深圳一般公共预算收入2352.51亿元，其中税收占预算收入比重为82.9%，而一般公共预算支出2263.73亿元。换言之，仅从政府财政与债务的角度来看，与其他城市相比，深圳还有财政投入的空间，政府更愿意释放财政空间来兜底经济。

2021年底，国家发展和改革委《关于同意深圳市开展基础设施高质量发展试点的复函》同意深圳组织开展基础设施高质量发展，“打造系统完备、高效实用、智能绿色、安全可靠的现代化基础设施体系”。

深圳出台了《关于加快推进新型基础设施建设的实施意见（2020—2025年）》，提出在三个方面推进新基建，即超前部署信息基础设施、升级融合基础设施和统筹布局创新基础设施。超前部署信息基础设施主要是建设五张通信网络、四类算力设施、三大数字技术设施。升级融合基础设施主要是对制造、交通、能源和市政老基建的升级改造。统筹布局创新基础设施主要是建设综合性国家科学中心，争创国家实验室，计划到2025年不少于5个重大科技基础设施建成投入使用。

这次批准了95个新基建项目，总投资4119亿元。这些项目规模较大，而且2021年就要落实1000亿元左右。其中，5G网络、卫星通信、算力设施等信息基础设施28个，总投资2452亿元，占比59.5%；集成电路、8K超高清、生物医药等创新基础设施42个，总投资1016亿元，占比24.6%；智能制造、智慧能源、智能交通等融合基础设施25个，总投资651亿元，占比15.8%。从这批基建项目占比来看，深圳在信息基建方面的投入是最大的。

深圳在信息基础设施方面的技术积累较为丰富。深圳的电子产业规模庞大、市场效率高、技术密集度大，在5G通信、人工智能、芯片设计等技术上相对国内城市有优势。同时，在技术积累的基础上，信息基础设施投资风险更低、回报率更高。牛津研究院和华为的《数字溢出》报告显示，数字技术投资回报率是传统的6.7倍。

但是，我们也需要关注两个问题：

一是信息基础设施属于“超前部署”，也面临投资周期长、投资风险大的问题。如何避免新基建投资过剩？如何降低财政投入的风险？

二是融合基建和创新基建，需要投入的资金规模较大，要求技术积累较多，而深圳在高端芯片、基础软件、关键材料、重大装备、工业机器人、核心零部件、先进集成电路和生物制药等方面的技术水平有限。如何解决资金问题？如何支撑长周期的高风险投入?

深圳通过专项债、政府投资基金、公募REITs、国有商业银行贷款等方式融资，深圳市国资委还专门成立了新基建投资公司，启动国企力量投资新基建。数据显示，截至2021年6月末，深圳6家大型银行新基建贷款余额达996亿元，较年初增长16.8%。

但是，在这次批准的95个新基建项目中，政府投资的项目是61个，总投资1672亿元，占比只有40%。另外34个项目，由社会投资，总投资为2447亿元，投资占比60%。可以看出，政府投入的资金不算大头，社会资本是主力。当然，目前还不清楚，社会资本是怎么进入的。但是，这给我们一个启发：重大技术项目，包括新基建，如何投资?

过去的想法是，重大技术项目由政府投资。但是，我们需要清楚地认识这种投资方式：

一是从现实结果来看，中国在石油、电信、航空、电力等重要技术领域都是国企投资，在这些领域投入了不少财政资金，但到目前为止，与国际先进技术还存在距离。

二是从一般逻辑来看，由于缺乏竞争机制和价格机制，公共资源分配的效率偏低，使得重大技术创新不足。一般性逻辑打破了技术凯恩斯主义的幻想。

从经济学角度来看，自由市场的价格配置效率更高，对技术创新尤其是重大技术创新的支出力度更强。这与很多人的观念不同。事实上，繁荣的资本市场，发达的融资市场，才能可能孕育出革命性的技术创新。现实中，我们找不到一个资本市场萎靡、技术还保持全球领先的非开放性国家。

当然，这并不是说政府什么都不做。接下来，我们会讲到，在新基建的投资中，政府该做什么，市场如何发挥作用。

03
高科技，靠谁投？

近年来，中国一直在探求重大技术创新，但是，这些技术从哪里来？技术创新需要制度、人才、企业家，也需要投资。投资，来自政府财政，更多的是来自资本市场。

资本市场是如何支持重大技术创新的？这里需要理解一个概念——过回生产。过回生产是奥派第二代传人庞巴维克提出的理论。它的意思是，先投资生产资料，然后用生产资料去生产商品。比如，直接生产就是徒手捕猎，迂回生产就是买一把枪、练好枪法，然后去打猎。迂回生产需要资本支持。英国经济学家杰文斯也解释过，购买生产资料、制造工具需要资本，迂回生产的周期比较长，也需要资本支撑。

迂回生产的好处是可以提高经济效率。徒手捕猎和用枪打猎，哪个效率更高？毫无疑问，用工具去生产商品可以提高效率。迂回生产可以促进分工精细化和技术创新，最终提高效率。这就是古人常说的“磨刀不误砍柴工”。理论上，资本规模越大，能够支持的迂回生产周期越长，分工越精细，技术越先进。这个逻辑就解释了资本对技术创新的作用。

如今这个世界的经济活动是由一组组相互交错的迂回生产构成的经济网络。企业家是迂回生产的组织者，他们使用资本购买原材料、厂房设备，支付工人工资和银行利息，买断了未来的收益权，也承担着所有的风险。为了降低投资风险和促进利润增加，企业家想办法创新技术、创新产品。但是，技术创新，尤其是重大技术创新，又要求企业家扩大投资、追加资本，促进迂回生产更加精细化、专业化。这反过来又增加了企业家的投资风险。怎么办？

在重大技术项目上，企业家也会想办法转移风险，具体办法就是引入资本，主要是风险投资。所以，在高投入、高风险、长周期的迂回生产中，如互联网、航空航天、网络通信、新能源汽车等重大技术项目，资本市场起到关键的作用，风险投资是支撑迂回生产的核心资源。

假如你开了一家饺子馆，投入了几十万元组织迂回生产，购买设备，租赁门店，雇用工人，你的经营核心是选好门店，做好饺子，服务好顾客，但不需要引入风险投资。假如你像马斯克一样造火箭，这是一个长周期、高风险的迂回生产，你需要一轮轮地融资。通过持续投入大规模的资本，促进分工精细化和技术创新。

当然，风险投资也会规避风险，早期的投资人，如天使投资人，他们会在后面的融资中逐步退出，而后期的投资人则谋求企业上市，在股票市场中完成套利退出。所以，资本市场是支持整个迂回生产的最重要的出口，也是最主要的资本来源。只有发达的资本市场才能够支撑起高投入、高风险、长周期的重大技术项目，就像贝索斯创立亚马逊后长期亏损，马斯克接手特斯拉后也长期亏损，但是一轮轮风投和股票市场为他们提供了大量的研发资本。

回到新基建。在新基建项目中，一些偏向于公共用品，如卫星通信、智慧交通网络；一些偏向于私人用品，如集成电路、生物制药。政府需要投入的是公共用品方面的新基建，尤其是加大研究性院校、国家实验室、基础科学方面的投入。而私人用品方面的技术项目，可以交给社会资本，通过资本市场来支持技术创新。后者是本部分要关注的重点。

有些人可能会提出，很多新基建项目，社会资本不敢冒险，只能政府先投入。而且，基建应该适度超前，因为基建会产生规模经济，然后带动产业兴起和私人资本。比如，高速公路。汽车与公路相互促进，政府如果不修路，那么汽车产业难以发展。反过来，政府修建高速公路，可以大大促进汽车生产与消费。20世纪三四十年代，美国政府大规模修建公路网络，大大刺激了燃油车的崛起。公路网络建成后，燃油车的续航优势明显强于电动车，吸引了美国家庭采购。

但是，这是我们在事后看待这个问题。社会资本不敢冒险的项目，政府投入也同样存在巨大的不确定性。比如，充电设施。如今发展新能源汽车，政府建设更多的充电设施，可以促进电动车消费。问题是建哪一种充电设施？是锂电池设施，还是氢燃料电池设施？目前，在新能源的赛道上，锂电池和氢燃料电池还没分出胜负，争议很大。日本押宝氢燃料电池，特斯拉使用的是锂电池，马斯克抨击氢燃料电池是收智商税。中国过去以锂电池为主，但最新政策加大了对氢燃料电池的支持力度。有人说，两种电池的设施都建。问题是，一个加氢站的投入费用，按照美国加利福尼亚州能源局的数据，达到200万~300万美元。这个投入规模非常大，万一选错赛道，投资风险极大。这里还不包括技术研发失败的风险。

其实，能源没有新旧之分、基建没有新老之别，关键看是否有经济效益。判断效益、配置风险最好的办法就是交给市场。

让资本市场去配置风险。风险的本质是什么？风险不仅仅是不确定性，如果风险是不确定性，谁还会去冒险？企业家为何去组织迂回生产？为什么会有保险公司？风险其实是一种不确定性的权益。资本市场通过价格合理地配置这种权益。技术工程师、企业家、天使投资人、风险投资人、股票市场的投资人，每个人的风险偏好不同、风险承担能力不同，资本市场让技术工程师安心搞研发，让企业家专注于经营、追求利润，让能够承担高风险的人（如风险投资人、股票市场的投资人）主要承担投资风险，同时他们在投资上更专业、更可能获得投资收益。

重大技术创新项目本身是一个高失败率的投资。即便投资失败，风险也可以安全落地。技术工程师不至于负债累累，失败的企业家不至于个个都成为“老赖”。这样，技术项目失败的风险不会过度蔓延，社会对企业家的失败、技术的试错会给予更多的宽容。反过来说，如果资本市场萎靡，投资政策不稳定，就会抑制技术融资，阻碍技术创新，尤其是重大技术创新。很多大项目需要一轮轮投资支撑，如果资本市场的通道不稳定，风险投资可能断档，技术研究便戛然而止。创业者、企业家成为“老赖”，谁还敢投资技术项目？谁还敢创业创新？近年来，中国出现了一个新词叫“企投家”，即企业家与投资家的合体。这说明企业家的才能应时而变、更加多元，但它也更可能是资本市场不够繁荣的产物。融资市场不够发达，不足以支撑分工更加精细化，企业家不得不担任投资家的角色，同时也揽了投资家的风险。项目一旦失败，这些企投家能承担风险吗？

深圳发展新基建，在资本市场上具备一定优势，但是，与美国纳斯达克、中国香港比起来，还有一定距离，很多信息技术企业都是去海外市场上市融资。深圳“要发挥资本作为生产要素的积极作用”，需要做大资本市场，强化融资政策的稳定性。当然，不是不管资本市场，而是强化法律管理，打击非法融资割韭菜。

人类星辰大海的梦想，建立在繁荣的自由市场之上。经济增长靠什么？财政要发力，政策要发力，但不是需求端，而是供给端，将更多的资源与权益释放到市场中。

引入市场竞争机制，大力启用社会资本。深圳在电子信息等市场领域，技术和资本积累丰富，政府可以更好地借助市场发展新基建。

深圳的虚与实

这些年，深圳正在从“速度”向“质量”发展。一些季度，GDP增速在一线城市里掉队，都会引来讨论。

有些人不担心短期的增速下降，更关注长期的高质量增长；认为深圳在政府财政、城市治理、科技资源、人才吸引力、资本市场、创新创业文化等方面优势明显，这些优势是这座城市持续发展的动力。不过，一些人对此感到担忧，认为高房价降低了深圳的人才吸引力，提高了中小企业的成本，抑制了创业创新气氛；同时，取而代之的大型企业，如华为、恒大，也陷入各种不同的困境，对经济产值及周边产业链打击较大。

这座改革开放的标杆城市，进入“不惑之年”，正给人带来诸多困惑。深圳，是虚是实？

本部分试图探索深圳的虚实与城市发展的逻辑。

01
规模的虚实

近年来，越来越多的人意识到“不能简单以生产总值增长率论英雄”。深圳很早就提出了从“深圳速度”向“深圳质量”转变，追求城市的高质量发展。但是，经济增速下降，深圳决策者还是有危机感的。

不唯GDP论并不是说经济增长不重要，其真正含义是关注实际GDP，而不是名义GDP。从静态的角度来看，经济总量的成色如何，我们需要分析通胀、环境损失和政府债务。怎么理解？假如两座城市的经济总量相同（其他指标也相同），但是一座城市的政府负债率很高，另一座城市的政府负债率很低，那么前者的经济泡沫更大，后者的经济增长更稳健。一座城市想要在短期内把名义GDP做大，政府可以借债大量投资基建，但这座城市的实际经济总量并未增加多少，反而滋生了债务泡沫风险。

我们从实际GDP看深圳的经济，这个角度可以看出一个国家、一座城市的经济是否存在水分，即透过泡沫看经济。1990年泡沫危机后，日本经济长期低迷，其实也是在挤压过去的泡沫。关注真实的经济以及真实的增长，我们需要扣除通胀、环境损失和政府债务三个因素。在环境损失方面，深圳有明显的优势，经济增长带来的负外部性应该比其他城市少。这里主要看政府债务和通胀这两个指标。

先看政府债务。深圳是政府负债率最低的大城市。以政府负债率（政府债务/财政收入）来衡量，深圳的政府负债率是6.8%，处于全国城市中最低水平。广州是19%，上海是22%，北京是30%。贵阳、哈尔滨、昆明、天津、南京、西安、武汉、重庆、兰州、成都等均超过40%。当然，深圳是财政计划单列市，不需要向广东省上缴税收，税收留存更加宽裕。

与其他城市相比，深圳的财政状况更加健康，债务风险更低，隐性债务全部清零（官方宣布），土地财政依赖度较低，税收和社保的缴纳规模大。以2019年土地财政依赖度为指标，深圳的土地财政依赖度只有19%，在全国大城市中处于最低水平。上海是28%，北京是29%，广州是107%；另外，温州、昆明、福州、杭州、太原、合肥、武汉、南京、西安、佛山、郑州均超过100%。深圳的财政收入不靠卖地，主要来自税收收入。2020年，深圳一般公共预算收入为9789亿元，而政府性基金预算收入仅为1262.5亿元。截至2020年底，政府债务限额1179.5亿元，偿债压力不大。另外，2020年深圳社保基金收入累计结余7245亿元。

近年来，一些城市大力使用财政手段刺激经济增长，尤其是一些新一线城市。这种增长的结果是政府负债率高企，同时催生庞大的隐性债务。

可以看出，深圳的财政健康、负债率低，GDP中的政府债务泡沫没有那么大，同时，财政政策的空间比较大。关键的问题是，财政该如何使用，如何使用才有效率。如果实施财政刺激政策，可以在短期内把名义GDP拉上去，但这是不可持续的；如果实施中小企业减税政策，激活市场活力，可以促进经济增长；如果提供更多的公共用品，大规模建设福利房，降低市民的居住成本，补齐公共医疗、高等教育的短板，能够促进城市持续发展。

再看通胀指标。这个指标对深圳是不利的，政府债务给深圳经济去泡沫，但通胀指标相当于给深圳经济加了泡沫。这怎么理解？

我们更多关注的是一个国家的通胀，很少讨论城市的通胀。通胀是货币超发引发的一种经济失衡，货币超发由中央银行控制。宏观经济学家通常用消费者价格指数来表达通胀水平。从这两个角度来看，我们很难判断深圳的通胀与其他城市有什么不同。其实，如今的消费者价格指数难以反映通胀水平，深圳与北上广、其他一线城市的物价差别不大。在中国，多数信贷都流入了房地产市场，房价可以更好地反映通胀问题。房地产市场的通胀越高，房地产的泡沫越大，这座城市的经济泡沫越严重。

如何判断一座城市的房价是否存在泡沫？

以2021年的房价收入比（房价/居民可支配收入）为指标，深圳的二手房均价是8.98万元/平方米，居民可支配收入为6.48万元，房价收入比为1.38，北京的房价收入比为0.95，上海的房价收入比为0.85，广州的房价收入比为0.63。可以看出，深圳的房价收入比高于北上，是广州的2倍。深圳与广州的居民可支配收入差距不大，但是深圳的住房均价远高于广州。

深圳是一座金融城市，房产是这座金融大厦的基础性资产。房产通过金融杠杆可以做大金融资产，高房价在金融市场上可以催生更大的经济泡沫。比如，深圳业主小明早年按揭买房，房贷还没还完，但房价已翻了好几番，银行又以经营贷的方式给他做二次贷款。小明拿到低利息的300万元信贷，然后投入到理财产品、股票市场上。深圳像“凯恩斯”这种业主并不少，他们可以用正在按揭的房产撬动一笔贷款，放大杠杆做投资。深圳很多房子都抵押出去了，房价上涨和信贷杠杆给市场提供大量的资金，这些资金进而扩大了金融资产和经济规模（名义上）。

深圳的住户杠杆率在一线城市中也算高的。根据中国人民银行的数据，2022年，深圳人民币贷款余额中住户贷款余额为2.87万亿元，存款为2.70万亿元；上海的情况与深圳相反，住户存款远高于贷款。上海同期住户贷款为2.97万亿元，存款达到5.10万亿元。

所以，房地产泡沫，以及通过高房价加杠杆形成的金融泡沫，是深圳需要关注的风险。

深圳市政府较低的负债率展现了经济“实”的一面，但是，居民杠杆率高。换言之，深圳政府制造的债务泡沫较少，但是高房价和居民杠杆给深圳经济注入了不少债务泡沫。

这就是深圳经济的虚与实。

02
增长的虚实

前文是从静态的角度看深圳经济规模的虚实。如今，更多人关注深圳的未来。下面，我们从动态的角度，看深圳经济增长的虚实，即深圳真实的经济能否持续增长。

其实，从2012年开始，经济学界开始大量讨论中国经济增速的问题。有学者提出了“换挡降速”的观点，认为“新5%比旧8%好”。这种观点基本上是从历史主义出发，对比日本、韩国、巴西、阿根廷、俄罗斯等国家的经济增长轨迹，得出一个结论：一个国家的经济随着时间的推移，其边际增长会逐渐下滑，目前中国进入了“换挡降速”阶段。

这种观点有一个通俗的类比：人类在百米赛跑时跑进10秒后，边际速度的提升则迅速放缓。一个国家经过了快速增长期，经济基数增大，增长空间不足，经济增速便下滑。

深圳是不是这种观点的典型案例？在过去40多年，深圳是全国经济增速最快的城市，如今增长空间不足，边际增长衰退，增速下滑比其他城市更快。

经济学的逻辑并不支持这种历史主义的观点。假如技术水平不变，投资边际效率会递减，经济增速会逐步衰退。但是，经济之所以能够持续增长，是因为人类改变了技术水平，通过技术创新推动边际递减曲线右移。

我们再用这种逻辑去看历史。

在先发国家，如英国、美国，过去几百年间，技术革命推动着经济持续增长。1860—1914年是美国的镀金时代，第二次技术革命促使美国工业崛起、经济高增长。二战后的20年以及大缓和的20多年（1984—2006年），航天航空、核能、生物技术、半导体及信息技术促使美国经济较快增长。

后发国家，在二战后的20世纪六七十年代，引入欧美国家的技术和资本，经济迅速“起飞”。欧美国家积累了几百年的工业与信息技术，以及大量的国际资本，短期涌入这些国家，这些国家出现一种集中式的高增长。我们把这种现象称为“经济腾飞”，墨西哥、巴西、阿根廷、泰国、菲律宾、马来西亚等都出现过这种现象。但是，当国际资本和技术转移的红利衰退，自主技术创新不足，这些国家的经济迅速落入了“中等收入陷阱”。

还有一类后发国家，如日本、韩国，它们在二战后也享受了大量的国际技术转移的红利，但其自身技术创新也逐步跟上，摆脱了这一陷阱，经济持续增长，不过经济增速也有所下降。这是因为国际资本与技术转移的红利可以引发集中式、爆炸式增长，而自主创新推动的增长相对平缓、平滑。当涡轮增压逐步消失，增长更依赖技术创新。这可以理解为“换挡降速”。后来，日本的增长被1990年的泡沫危机终结，韩国的增长被2008年的金融危机打断。

所以，经济降速论是否成立，不取决于历史经验和百米赛跑的逻辑，不取决于哪一类国家，而是取决于技术能否持续创新。

我们再看深圳的增长轨迹。深圳是中国享受国际技术和资本转移最多的城市。从20世纪80年代开始，实施改革开放政策的城市不少，但是深圳发展得最好。这与香港有莫大关系。香港是国际资本与技术转移的重要通道，深圳的第一批投资、第一批流水线均来自香港。假如深圳过去40多年的高增长主要受惠于国际资本与技术转移红利，那么如今红利逐步衰退，深圳的经济也自然降速。这个判断基本上问题不大。

问题是，下降的速度是像阿根廷、墨西哥、泰国一样断崖式下跌，还是像韩国一样“换挡降速”？我们需要看一个关键因素，那就是深圳的自主创新能力是否能够在红利衰退时逐步跟上。

深圳，被认为是国家创新型城市，是世界创新创意之都，汇聚了大量的科技企业与技术人才。比如，2020年深圳全社会研发投入占GDP的比重为4.93%；又如，深圳的国际专利申请量长期居全国城市首位。

除了这些标准不一的指标，有一个逻辑是相对可靠的：市场化的技术创新。什么意思？

与北京、上海、西安、武汉、广州不同，深圳原来的科技基础基本为零，没有高校、科研基地、国家实验室，也没有大型国企研究院。深圳的企业善于“干中学”，从国际技术转移中模仿、学习、改进和创新技术。这种方式前些年被诟病为“山寨模式”，典型的案例就是山寨机。但是，山寨机很快就消失了。这是为什么？深圳的电子工厂很快就学会了手机制造，成本下降，质量提升，一些国产手机开始出现。电子技术的持续更新促使深圳形成了一个巨大的产业网络。后来，医疗器械、无人机、直播设备、新能源汽车电子配件等与电子相关产业在深圳兴起都得益于此。

这些年，深圳在大力引入高校，但基础科学非一日之功，与北京、上海相比，依然比较薄弱。深圳的优势还在技术市场化，企业善于技术转化，最典型的是深圳与北京的合作。深圳企业将北京高校、研究院、科研所的科研成果转化为技术与产品。这些年，深圳市政府非常重视技术转化。

如果国际资本和技术红利衰退，深圳的爆炸式增长也会下降，但市场化的技术创新可以维持一定程度的增长。后者决定了这座城市的未来。其实，高速增长与高质量的增长并不相悖，从长期来说，持续的增长一定是基于技术创新的高质量增长。

但是，关键的问题是，深圳的市场化技术创新能否维持？

03
城市的虚实

有人认为，深圳的技术创新可以维持。理由是，深圳是一座年轻的城市，每年有大量的大学毕业生、优秀人才挥师南下。

根据第七次全国人口普查结果，2010—2020年，深圳人口增加了713万人，目前常住人口达到1756万人。其中，15~59岁人口为1396万人，占79.53%。从每10万人中拥有大学文化程度的人口数来看，与2010年相比，深圳由17545人上升为28849人，分别比全国、广东省平均多13382人和13150人。比如，福田区40%的常住人口拥有大学学历。全国前20强大学的毕业生，超过20%投奔深圳。

深圳依然是全国人口吸引力、人才吸引力最强的城市，源源不断涌入的人才是深圳技术创新的基础。除了人才吸引力，深圳对资本、企业、企业家的吸引力也很强。这些年，深圳引入了一批企业总部。

但是，如今这些增长放缓的迹象也不少见。比如，不少工厂从深圳迁移到东莞、惠州以及其他城市。其中，还有奥林巴斯、艾默生等外企、技术型企业。当然，深圳的人才资源还有优势，很多企业是不愿意迁移的。外迁主要有两个原因：一是房价和租金太高，进一步抬高了雇佣成本；二是产业升级、腾笼换鸟的政策推动。深圳过去10年来保住了工业用地“30%”的红线，充足的工业用地就是为了吸引更多的大型企业、技术型企业入驻。

现阶段，正是城市产业升级、转型艰难期：小工厂、小企业减少，产值规模萎缩；一些入驻的大型企业、企业总部，如恒大、华为、腾讯、宝能、“坂田五虎”等，同样经历行业阵痛期，从而也会影响产业链上下游产值。

有人认为，深圳正在丢失过去的优势：海量自发的小创业公司、反应敏捷的创新创业。但是，另一种观点认为，深圳的产业升级、总部经济是必然趋势。上海是外企总部，北京是央企总部，深圳要上一个台阶，成为私企巨头总部、跨国公司创新总部、大湾区总部。

我们可以用一般性的逻辑去思考这个问题。这个一般性的逻辑就是“经济为何增长”。萨伊在斯密所提理论的基础上明确将增长之源锁定在“供给端”。相反，“需求端”制造的债务泡沫，是虚假的增长。供给端如何带来增长？奥地利学派解释为人的主观意图、行为自由和企业家精神创造了财富；供给学派解释为减税、降低市场准入和废除管制；弗里德曼解释为让价格自由发挥作用；新制度经济学派解释为有效的制度变迁带来了技术创新。

从一座城市的角度来看，城市的前途取决于治理的有效性，即能否保障市民的生命、财产以及法律赋予的权利；能否最大限度地保障价格自由、公平竞争与多样性才能的发挥；能否保障和公平分配公共用品（住房、医疗和教育）——以政府负债率低为前提。

一个国家、一座城市，最大的竞争力来自治理能力。有效治理的城市与国家，大量移民者带着资金、技术、思想与梦想来到这里创业创新，同时培养优秀的下一代。一个有效治理的城市与国家具有强大的自生能力，它鼓励人的多样性天赋和企业家才能的发挥。

其实，只要做到以上三点的有效治理，我们不需要过度关注这座城市的经济是增长还是衰退，发展科技、制造业还是金融、房地产业，资本用于投资还是消费。

我们用这种一般性的逻辑去理解深圳的虚与实。深圳是一座移民城市，它早期的城市治理，主要是开放性的政策，吸引了很多人来到这里。经过几十年发展，深圳的城市治理水平属于高水平。尤其是第二点，与其他城市相比，深圳的行政效率更高、治理理念更先进，更大程度地开放市场准入，保障价格自由与公平竞争，鼓励众多小企业、小人物发挥才能。深圳虽然是一座缺乏传统文化的城市，但是充满市场文化。深圳的创新、创意与创业源自这种市场文化、移民文化。这是这座城市“实”的一面，也是其崛起的根本。

但是，深圳的城市治理并不是没有缺陷，深圳的传统短板是公共资源不足，公共住房、医疗和教育与北上广的差距太大。近年来，深圳加大财政投入补齐短板，但是在持续上涨的房价面前，这些短板反而被放大，反噬了这座城市的竞争力。比如，高房价带来的高负债和高租金会透支居民的消费能力；更严重的是，会对小企业、小人物创业创新的才能发挥形成抑制和造成扭曲。

其实，深圳的财政富余、债务负担小，城市治理上可发挥的空间大，只需要回到城市治理的一般性逻辑上，在土地配置上更加合理与公平，给市民分配更多的居住用地和福利房，给众多小企业、创业企业与大型企业等同的公平竞争机会。深圳正在利用这一优势适度超前基建，短期内可拉高经济数据。但是，从长期来看，深圳应该将财政优势转化为市场优势，对企业和个人大规模减税，让市场去配置这笔资金，释放竞争活力，提高家庭收入。这才是有效的城市治理。

大家治学

治学，“博学之，审问之，慎思之，明辨之，笃行之”。

观大家治学，如晨钟暮鼓、拂尘之音，往往雄浑悠远、激荡人心。

相较于其他学科的学者，经济学家们往往更有趣、入世。他们关注一块面包、一棵橘树的价格变动，也痴迷于丝丝入扣、一丝不苟的逻辑推演。

走近经济学家，触碰乐观、理性的人生之光。

萨伊：供给创造需求

萨伊在中国的知名度并不高，但他确实是一位非常重要的经济学家。他与李嘉图同时代，并被李嘉图称为“大陆著作家中首先正确认识并运用斯密原理的人”。[①]

事实上，除了斯密的传播者，萨伊也有着超越时代的洞见。对效用价值论的思考和应用，让他提出了能洞悉经济学本质的萨伊定律。

01
斯密学说的传播者

萨伊出生于法国里昂的一个商人家庭。他与李嘉图身处同一

① 大卫·李嘉图．政治经济学及赋税原理[M]．周洁，译．北京：华夏出版社，2005.

个时代，经历也与李嘉图类似：年轻时从商，同为活跃的社会活动家。

早年萨伊在英国伦敦的一家商业学校学习，完整学习了经济学理论。法国大革命爆发后，萨伊积极投身政治，拥护君主立宪派，还一度从军。萨伊受到了拿破仑的赏识，被任命为法官，后又被派往财政委员会工作。

不过，拿破仑并不认同萨伊主张的自由贸易思想。1803年，萨伊出版《政治经济学概论》，拿破仑要求他修改关于税收政策的某些章节，以支持他的贸易保护政策。但是，萨伊拒绝修改并明确反对拿破仑的贸易保护政策。拿破仑解雇了萨伊，查封了他的一切著作，禁止萨伊从事学术研究，并委派他去担任海关税收征管员。

萨伊不服从拿破仑的命令，与人合伙创办了纺织厂。

从波旁王朝开始，萨伊先后在法国一些大学教授政治经济学、传播斯密的学说，直到1932年在巴黎去世。

身为法国人的萨伊，在欧洲大陆系统化、通俗化传播、解释斯密学说。

萨伊在欧洲经济学史上的地位很高，属于古典政治经济学的集大成者。在凯恩斯出现之前，萨伊一直是欧洲古典政治经济学推崇的标杆。

萨伊为何有如此大的影响力？从其著作《政治经济学概论》中便可得到答案。这本书研究覆盖广泛，为古典政治经济学史册上一本经典著作。

萨伊的与众不同之处是，他对古典政治经济学的解释总能一针见血。李嘉图学说像“降龙十八掌”，场面宏大、雄浑有力，而萨伊学说则像“六脉神剑”，干脆利落、直达本质。

而且，萨伊或许是最了解斯密学说的一位经济学家。他将斯密的学说吸收后，用最为简洁明了的语言向人们传达。《政治经济学概论》也因此成为古典政治经济学中最为通俗易懂的书籍之一。

在萨伊看来，斯密的《国富论》颇为晦涩难懂，有些地方过度扩展导致信息巨大却不着边际。于是，他将斯密庞杂的学说简单地概括为财富的生产、财富的分配、财富的消费三部分。这就是经济学著名的三分法。

萨伊通过自己的语言来表达对斯密学说及古典政治经济学的理解，让人耳目一新。

比如，萨伊论述协同，劳动、资本与自然资源如何协同，如何加入到生产之中。实际上，他描述了一个迂回生产的过程，相当于揭示了市场分工与协同的内在逻辑。

比如，萨伊论述分工，他除了支持斯密的分工理论，还提出分工会促使个人能力退化的观点。这一观点在斯密的《国富论》中曾叙述。

比如，萨伊提出了无形产品的概念，如音乐、戏曲都是无形产品。斯密否认了无形产品的存在，因为若承认无形产品，就容易与劳动价值论产生冲突。这一点萨伊更有洞见，他认为无形产品就是一生产出来就被消费掉的价值。无形产品，创造的是一种效用。萨伊对无形产品的发现，让他认识到了效用的价值，从而开创了效用价值论。

关于财产所有权的论述，萨伊也做出了开创性的贡献。斯密学说仅仅将财产所有权视为有利于增加市场交易的因素，但对于财产所有权的由来及保护不够重视。萨伊则非常注重财产所有权，即私有产权的保护。他认为，只有确认了财产所有权，资本、劳动、土地投入才有价值。萨伊对财产所有权的确权及保护的论述，无疑是产权理论的滥觞。

比如，政府干预问题，萨伊继承了斯密自由放任的主张，反对政府在产品标准、行业限制、特许经营等生产领域的干预。

当然，萨伊对斯密的学说认识非常透彻。但他并非只是斯密的“传话筒”。他也意识到斯密学说存在的一些问题，比如斯密忽略的分配问题以及消费问题,对此萨伊做了相当大的原创性贡献。

02
“供给创造需求”的来源

我们先来看分配理论。

萨伊认为，工资、利息、地租分别来源于劳动、资本、土地。这就是“三位一体”的分配理论。

萨伊的分配理论，乍一看与李嘉图的分配理论似乎没有区别，但其实二者有本质的区别：萨伊是在效用价值论上建立的分配理论，而李嘉图是在劳动价值论上建立的分配理论。

萨伊认为，劳动、资本、土地共同创造了产品的效用，从而创造了产品的价值。换言之，劳动、资本、土地不是创造了产品，而是创造了效用。劳动、资本、土地的价值来自市场效用，所以，劳动者、资本家、地主的收入分配，不取决于要素投入，而取决于是否创造效用。

但是，李嘉图的分配理论认为，劳动者、资本家和地主的收入分配取决于劳动、资本、土地的投入。由于李嘉图支持劳动价值论，这种分配理论很快就导向了剥削理论——劳动者创造了所有的价值和财富，资本家和地主都是剥削阶级。

李嘉图的分配理论导向了剥削理论，而萨伊的分配理论给我们打开了一扇天窗。可惜的是，李嘉图、萨伊之后，古典主义被引向了剥削理论，直到边际革命时，萨伊的分配理论才被世人认知。

再来看消费理论。

萨伊是经济学历史上第一个把消费纳入经济学理论体系的经济学家。对无形产品的认知，让他认识到了效用，认识到了消费的内涵。他认为，消费即效用的消灭。消费的唯一研究对象是消费行为本身所产生的满足感。

这个观点，在当时是非常超前的。

效用价值论是萨伊一个非常惊人的发现，他的学说从根本上说是建立在效用价值论之上，而非古典主义的劳动价值论之上。

萨伊学说的代表作便是萨伊定律。萨伊定律也正因建立在效用价值论基础之上才有如此巨大的力量。但令人惋惜的是，大多数人从劳动价值论的角度去认识它，而不知其深意。

在其代表作《政治经济学概论》中，萨伊写道："我听很多实业家说，他们的困难不在于生产，而在于销售。"这种观点是大多数人的观点。企业经营状况不好，大多数人都认为是销路不好，需求不足。

但是，萨伊的意图是反驳这一点。他认为，销售不好的原因在于生产。同时，也不存在过剩的问题："一个产品一经产出，从那一时刻起就给价值与它自己相同的其他产品开拓了市场。”[①]萨伊认为，生产者总是生产消费者需要的产品。换句话说，萨伊定律最简洁的表述就是“供给创造需求”，直达经济本质。

詹姆斯·穆勒和李嘉图也有过类似的观点。詹姆斯·穆勒是斯图亚特·穆勒的父亲，也是一位经济学家。詹姆斯·穆勒说，“生产，分配，交换只是手段。谁也不为生产而生产。”[②]李嘉图说过，任何人从事生产都是为了消费或销售，销售则是为了购买对他直接或者间接有益的商品。

我们可以具体看看，萨伊定律到底意味着什么。根据萨伊定律往往可以得出这些结论：

一是产品滞销不是需求问题，而是供给出了问题，生产越多，销路越好。

二是长期来看，不可能出现产能过剩、失业以及经济萧条。

三是鼓励消费没有作用，重要的是激励生产。

初看之下，很多人会觉得荒唐。许多人就可以反驳道：如果盲目生产，生产同质化的产品，不考虑市场需求的生产，产品越多，滞销越厉害，供给怎么创造需求？

---

① 让·巴蒂斯特·萨伊. 政治经济学概论[M]. 赵康英，译. 北京：华夏出版社，2014.

② 约翰·穆勒. 政治经济学原理[M]. 金镝，金熠，译. 北京：华夏出版社，2009.

综合这些反驳，我们也可以总结出对萨伊定律的误解往往来自三个方面：一是劳动价值论的思维；二是营销思维；三是中庸思维。

首先，萨伊所说的生产、消费、需求建立在效用价值论的框架内，而非劳动价值论的框架内。

其次，上面这段话中的“供给”与“需求”属于市场营销理论里的供给与需求，而非经济学概念里的“供给”与“需求”。经济学的需求与营销学不同，比如在经济学中消费是一种需求，投资也是一种需求。扩张基建，拉动投资需求；而萨伊讲的供给，是指针对有效需求的供给，而不是盲目供给。

最后，供给与需求，多数人都会用中庸思维来看待。大多数观点是，供给与需求是“鸡生蛋，蛋生鸡”的关系，二者相辅相成，相互决定。这种中庸思维，模糊了经济的本质，让我们看不到经济增长的本质。

想要反驳这种思维可以这样入手：比如，经济增长低迷，怎么办？

凯恩斯的做法是从需求端着手，实施扩张性的财政政策，扩大投资需求，搞消费刺激，扩大消费需求。

但是，凯恩斯政策的结果是什么？根据货币中性原理，经济刺激的短期内经济增长快，但之后的衰退更严重，甚至出现通胀、资产泡沫及债务危机。

回到萨伊定律可以破解这个难题：经济增长的动力不在需求端，而在供给端。举例来说，李某月收入5000元，在被促销刺激后可能扩大消费，例如其花500元吃了顿大闸蟹，但这个月可能就会从其他地方缩减500元开支。因为一个月收入就5000元，能开销的费用就这么多。

那假设对象是一个富豪呢？

富豪的消费预算更多，但长期也是理性的。一年花销300万元，这个月花了100万元，后面就会缩减开支。或者，今年多花了，明年就会少花。

那借贷消费刺激是否有效呢？

这个月支付宝花呗用了3000元，下个月就要还款。这个月只是把下个月的额度透支了。

所以，人的消费是按照长期收入预期来设定的，而不是眼前的收入。这就是弗里德曼的永久性收入假设。

结论是，消费刺激对经济增长没用。

萨伊在书中写道："仅仅鼓励消费对于商业是没有好处的。因为困难的不在于刺激消费的欲望，而在于提供消费的手段。而且，我们已经看到，生产本身会提供这些手段。因此，激励生产是贤明政府的目的，而鼓励消费是拙劣政府的目的。"①

---

① 让·巴蒂斯特·萨伊. 政治经济学概论[M]. 赵康英，译. 北京：华夏出版社，2014.

03
扩张供给的错误方式

按照萨伊定律，经济衰退应该从供给端着手，创新技术，创新产品，开拓新需求，开拓新市场，这样才能促进增长。

现实中，很多人会误解“供给经济学”，并认为这会导致产能过剩、基建过剩、能源过剩。

我们要抓住一个核心问题，那就是经济是怎样增长的。

经济衰退其实是受边际收益递减规律支配的。在技术水平保持不变的前提下，在一种生产要素上投入另外一种生产要素，投入越多，增长率越低。

比如，假如手机技术不进步，大量资本、企业投入这种手机生产，投入越多，产能越过剩，利润率越低，最终市场饱和，甚至会陷入亏损。

如果从需求端刺激经济增长，结果要么失去市场，因为没人会再去买这种手机，即使今天买了，也是透支了下一次买的钱；要么就是恶化边际递减曲线，阻碍技术创新，正如大量的基建投资拉动，吸引资金进入房地产，制造业的边际收益率更低。

事实上，边际收益递减规律有一个前提假设是技术水平不变。

换言之，只要改变技术水平，即可打破边际收益递减规律。

技术创新，推动边际收益递减曲线右移，拉高经济增长率，推动经济在新的周期、新的平台中递减。当递减到一定程度时，技术创新又推动边际收益递减曲线右移。如此反复，波浪式地推动经济增长。

这就是经济增长的逻辑。

从供给端创新技术，创新产品，才是解决之道。比如，智能手机的创新，相当于创造了一种新需求、一个新市场，拉高了整个行业的边际收益率，吸引大量资本、人才进入，推动经济发展。

萨伊在书中写道："开明的政府创立的研究院、图书馆、公立学校和博物馆，通过进一步发现真理和扩散以前了解的知识促进财富的创造。这个过程也给予了生产方面的高级管理人员扩展人类科学应用与人类需求供给的权力。"①

萨伊的洞见，无疑让人感到惊讶。而这一切归根结底都来自他以效用价值论为立论基础的学说。

反过来，我们今天常常用中庸思维去思考经济现象。实际上这种思维遮蔽了我们的眼睛，让我们无法洞悉经济的本质，以至于经常会出现一些常识性错误，最典型的是因果颠倒、本末倒置。

---

① 让 · 巴蒂斯特 · 萨伊. 政治经济学概论[M]. 赵康英，译. 北京：华夏出版社，2014.

从萨伊定律中我们可以得出以下结论：

首先，消费是经济增长的目的，是经济增长的结果，而不是手段和工具。

如果刺激消费是为了经济增长，那么经济增长的目的又是什么呢？我们消费是在享受经济发展的成果，而不是服务经济增长。消费不是经济增长的工具和手段，反而是结果和目的。发达国家消费繁荣，是因其经济繁荣，而不是反过来。发达国家第三产业发达，是因其经济发达，而不是反过来。

其次，经济增长的动力来自供给端，而不是需求端。

消费刺激、投资拉动对经济增长无效，知识创新、技术创新、产品创新才是经济增长的动力之源。

萨伊超越时代的洞见之处在于，他抛弃了古典主义的劳动价值论，主张效用价值论。

这无疑是非常难得的。我们知道，效用价值论是边际主义在19世纪70年代才被提出来的。但萨伊这时已经主张效用价值论。

萨伊认为，生产只创造效用。斯密、李嘉图等坚持的是劳动价值论，他们只能从生产端看待商品价值，人类商品是由劳动数量决定的。这就会陷入一种呆板的逻辑，即不论生产什么都有价值。这显然是不能让人满意的。

萨伊坚持的是效用价值论。萨伊的生产，是指生产市场所需要的商品，创造有效用价值的商品，而不是盲目生产。从需求效用的角度看待供给生产，从而得出供给创造需求的结论，这就是萨伊定律的真实内涵。

在经济学200多年的历史中，流派、理论繁多，各有所长，若非要说哪个理论更能够深入经济本质，萨伊定律必不可错过。

参考文献

[1] 让 · 巴蒂斯特 · 萨伊. 政治经济学概论[M]. 赵康英，译. 北京：华夏出版社，2014.

历史观

历史，如明镜，可自省，可鉴世。读史，令人有清风拂面、豁然开朗之感。而经济学视角下的历史，犹如一条曲幽小径，绿意盎然，趣味丛生。以经济学逻辑探寻历史，有时能从另一个维度给文化史、社会史、政治史以照应、解读。

美国房地产：从证券化到货币化

大萧条期间，罗斯福总统颁布了《住房贷款银行法》，房地产借有形之手开启繁荣之势。

房地产从最初的资本化到20世纪70年代后的证券化，再到2008年的货币化，清晰地勾勒了一条经济金融化之轨迹。

人类创造了一系列风险与激励并存的经济制度——有限责任、股票交易、房地产证券化、信用货币制度等，这些制度激励人们追逐财富，也制造了危机。

01
地产证券化

自1837年金融大恐慌以来，美国房地产价格随行就市、涨涨跌跌，但是1929年这场金融危机打破了这一周期性规律。

这场金融危机引发了历史空前的大萧条，美国房价快速下跌，到1934年美国房价指数降至75.95点，跌幅为24.05%。此后，房地产一直延续低迷走势，直到10年后的1944年才回到大危机之前的高点。

大萧条期间，凯恩斯的国家干预主义逐渐成为主流思潮，美国联邦政府制定了一系列政策，试图以有形之手复苏房地产市场。

1932年，国会通过了《住房贷款银行法》。根据该法令，联邦政府成立了联邦住房贷款银行。这家专门负责住房贷款的国有银行可以直接从财政部获得资金，并向非银行机构提供贷款。

两年后，国会又通过了《国家住宅法》。根据该法令，联邦政府成立了联邦住房管理局。该机构的主要任务是，为低收入者尤其是只能承担低首付比例的个人及家庭提供抵押贷款保险，以稳定抵押贷款市场。

联邦住房管理局实际上是通过透支国家信用的方式，支持低收入者买房，以提升市场的购买力，遏制当时不断下跌的房地产价格。这一举措，加大了房地产市场的杠杆率，直接推动了低首付比、分期付款的出现，为房地产证券化铺好了路。

虽然联邦住房管理局提供了抵押贷款担保，但是商业银行依然惧怕风险，不愿意给低收入者提供贷款。

1938年，联邦政府又成立了联邦国民抵押贷款协会。最开始这是一家政府机构，主要任务是购买经过联邦住房管理局担保的抵押贷款，以刺激银行放心给低收入者放贷，增加市场的流动性。此举相当于创造了一种新型的金融市场——抵押贷款交易市场。

二战结束前夕，国会通过了《退伍军人权利法案》。根据该法案，联邦政府成立了退伍军人管理局，主要任务是解决军人的住房及福利问题。

二战后，联邦国民抵押贷款协会基本上由退伍军人来管理，他们通过退伍军人管理局的担保，将退伍军人住房贷款的杠杆放大到10倍，退伍军人只需缴纳一成首付即可获得贷款。

1968年，该政府机构被私有化，成为一家私人公司——房利美。私有化之后，这家公司依然有着联邦政府的隐性担保，成为美国最大的“联邦政府赞助企业”。

两年后，联邦住房抵押贷款公司房地美成立。国会授权“两房”可以购买普通抵押贷款，也就是可以购买未经联邦住房管理局担保的抵押贷款。此举刺激了贷款发行机构大规模放贷，快速地推动了房地产证券化。

联邦国民抵押贷款协会被私有化后，分化出了一家政府机构，即国民抵押贷款协会，也就是吉利美。吉利美隶属美国住房和城乡发展部，主要任务是提供担保。

吉利美给贷款方提供担保，他们向投资者承诺，一旦违约，美国政府负责还本付息。这样，商业银行、抵押贷款银行给贷款者提供贷款，并向吉利美支付一笔担保费。

从20世纪80年代开始，吉利美担保的贷款规模快速壮大。1980年第二季度突破千亿美元，10年后，1990年的第四季度突破万亿美元大关，到2008年第四季度达到5.38万亿美元。

与吉利美同期，美国不动产投资信托基金也成立了。该基金的任务是帮助房企融资。1968年以前美国不动产信托基金的债务规模为零，1969年第二季度则突破10亿美元。

1971年布雷顿森林体系解体，这是一个关键性事件。之后，世界开始进入浮动汇率和信用货币时代。浮动汇率刺激了外汇套利，激活了投资银行市场，债券、证券、信托、期货、保险等金融市场快速膨胀。

1973年第一季度不动产信托基金的债务规模就突破了百亿美元。1975—1984年受滞胀危机的冲击，这一数据长期维持在50亿美元左右。

从1985年第二季度开始，随着经济复苏及金融市场的繁荣发展，不动产信托基金的债务规模快速壮大。到1997年第二季度，这一规模突破千亿美元；到2014年底更是突破万亿美元。

这样，美国便形成了一套房地产证券化的标准套路：首先，由联邦住房管理局和吉利美提供政府信用担保；其次，商业银行、抵押贷款银行给购房者提供抵押贷款（mortgage）；最后，房利美、房地美收购银行手上的抵押贷款，然后将其打包成标准化的金融产品发行证券，出售给雷曼兄弟等投资银行。

在这条链中，由于联邦住房管理局、吉利美及“两房”的存在，政府相当于承担了隐性担保的角色。有了政府的隐性担保，商业银行、房利美及雷曼兄弟、贝尔斯登等金融机构，都会大幅地降低风控力度，忽视金融风险。

1968年，美国诞生了第一份抵押贷款支持证券。1970年第一季度，美国抵押贷款证券化规模为460亿美元。20世纪70年代，随着投资银行的兴起，MBS（抵押支持债券）规模快速扩张。到了1974年第三季度，这一数据突破千亿美元，1988年第二季度破万亿美元。截至2008年金融危机爆发之前，机构MBS的债务规模达到了近8万亿美元。其中，“两房”的住房抵押贷款的MBS债券总额高达4万亿美元。

最开始，大部分MBS都是“两房”及机构发行的，资产比较优质，风险相对较小。从20世纪80年代开始，非机构的MBS快速兴起，其中包含了次级抵押贷款支持证券（subprime MBS）。

1999年，国会通过了《金融服务现代化法案》。这意味着《格雷姆－里奇－比利雷法案》被废除，从法律上消除了银行、证券、保险机构在业务范围上的边界，结束了美国长达66年之久的金融分业经营的历史。

2001年，在互联网危机和恐怖袭击的双重打击下，美联储主席格林斯潘连续下调了联邦基金利率。到2004年6月，美国一直维持着长期低利率。极度宽松的货币政策刺激了房地产及金融衍生品急速膨胀。

当时工薪阶层可以轻松地从银行开出50万美元的住房抵押证明，一个月后就可以拿到贷款。这些抵押贷款被“两房”证券化后，又被雷曼兄弟等投资银行打包成各种衍生品，比如抵押贷款担保证券（CMO）。

CMO是一种分层证券，它将抵押贷款证券切割成多类票据，代表各自不同的责任和收益，试图满足不同风险偏好的投资者需求。

除了CMO，还有CDS等金融衍生品。CDS是信用违约掉期合约，当年雷曼兄弟、贝尔斯登、美国国际集团正是吃下了大规模的CDS最后酿成危机。

我们回过头来看。从房地产到房地产贷款，到房地产证券化，再到各类金融衍生品，美国庞大的金融大厦构建在房地产这一固定资产之上。

贝尔斯登、雷曼兄弟、美林等投资银行以及“两房”都将商业银行发放的抵押贷款合同视为金融衍生品的“原材料”。通过层层切割打包、证券化，制作成一系列复杂的金融衍生品。这些复杂的金融产品是美国经济繁荣的驱动力，金融部门创造了当时40%以上的利润。

房地产证券化之后，房价波动会大幅增加，很大程度上会抬高房地产价格。为什么呢？

没有证券化的房地产，主要价值是居住。但是，证券化之后，房地产被赋予了金融属性，增加了一种非常重要的价值——金融资产的抵押品。

作为金融资产的抵押品，房地产的流动性大大增加。流动性可以提高资产价格，比如可流转的房子比不可流转的房子价格更高。为什么流动性会提高资产价格？

其实，这就是类似于货币的交换价值的概念。可流动的房地产证券，相当于股票、货币，具有很强的支付功能，容易变现兑换各种投资品、商品，且本身是一个流动性强的投资品。

弗里德曼在《货币的祸害》一书中就写到了一个类似的案例。弗里德曼说，二战后，德国旧马克崩溃，他以顾问的身份去了德国，在当地使用了美国香烟作为货币给汽车加油。弗里德曼发现，美国香烟在德国的价格涨了不少，其中原因是此时的美国香烟已经成了一种临时货币，被赋予了交换价值，需求量大增。

可见，任何流动性强的资产，都被赋予了类似货币的交换价值，其价格会被抬高。房地产证券化后，其价格快速地上涨。但是，流动性是一把“双刃剑”，证券化资产价格波动幅度大、风险高。

华尔街很多基金经理认为金融衍生品以及对冲机制可以有效地分散风险。格林斯潘担任美联储主席时，大力支持信用违约掉期合约，认为这是一项重要的金融创新，分散了美国的信用风险，增加了整个金融系统的抗风险韧性。

正如安德鲁·罗斯·索尔金在其著名的《大而不倒》中所写：“这是一个关于冒险家的故事：他们敢冒一切风险，并已承受着巨大的风险，但又固执地认为自己没有冒任何风险。”

其实，这种结构是一个倒金字塔结构，从房地产到金融衍生品，每往上加一层，杠杆都在不同程度地放大，风险也随之上升。一旦底层的“原材料”出了问题，整个金字塔定然雪崩式坍塌。这就是金融体系的脆弱性。

那些次级贷款者，他们的杠杆率极高，风险承受能力差，一旦利率上升，或出现外溢性风险，他们最可能断供违约。由于美联储上调利率，大规模地刺激贷款违约，引发了次贷危机。次贷危机侵蚀了这座金融大厦的底座，上层的金融衍生品也轰然倒塌，贝尔斯登、雷曼兄弟等投资银行遭遇危机。

可见，房地产是整个金融大厦的基石，是金融资产不断加杠杆、滚雪球的“原材料”。全球各大金融城市都在努力维持房地产高价位、高估值以做大金融资产。

02
资产货币化

2007年次贷危机爆发后，“两房”陷入几百亿美元的亏损，濒临破产。

2008年9月，美国财政部长保尔森出手接管了“两房”。具体方案是，财政部向“两房”注资，并收购相关优先股；政府相关监管机构接管机构的日常业务，同时任命新领导人。

保尔森的救援行动遭遇到了潮水般的批评。不过，保尔森认为，房地美的问题使金融市场面临系统性风险，接管这一机构是当前保护市场和纳税人的“最佳手段”。

美国联邦政府为什么要救助“两房”？

一是联邦政府的隐性担保问题。

“两房”虽然是私人企业，但一直受到政府的特殊照顾，包括联邦及州政府的税收减免，以及美国财政部长期提供的数十亿美元的信贷支持。

从美国房地产证券化的历史来看，政府在其中扮演了隐性的担保角色。从联邦住房管理局、联邦国民抵押贷款协会、退伍军人管理局、美国不动产投资信托基金，到吉利美、“两房”、联邦政府，他们都是美国房地产证券化之路上的担保者和推动者。

正是在联邦政府的隐性担保之下，投资银行才如此肆无忌惮地使用这些“原材料”制作大规模的金融衍生品。市场普遍认为，联邦政府赞助的“两房”具有一定的刚性兑付性质。

次贷危机的爆发，说明美国在房地产证券化过程中透支了国家信用。若联邦政府不兜底，将威胁到美国的国家信用，至少是联邦政府的信用。

二是住房抵押贷款已经成为美国金融大厦的基石。

次贷危机爆发前，“两房”持有或担保的住房抵押贷款总额超过5万亿美元，约占全美住房抵押贷款总额的50%。若“两房”破产，整个抵押市场及金融市场都将崩盘。

次贷危机期间，美国房地产价值就蒸发了5.5万亿美元，引发了债务螺旋效应：房地产资产缩水，意味着整体金融资产大幅缩水（乘数效应）；资产缩水导致银行下调授信额度，降低市场流动性，企业借贷成本上升；企业进而抛售资产以回流资金，但资产抛售又引发资产价格下跌，导致银行授信额度进一步下调……如此恶性循环（费雪的债务通货紧缩理论，《繁荣与萧条》）。贝尔斯登、雷曼兄弟、“两房”、美国国际集团等巨头卷入其中。

到这里，我们可以认为，房地产证券化最终绑架了整个金融体系。当“两房”以及经营抵押贷款证券化资产的投资银行遇到危机时，美国联邦政府不得不选择救助。这实际上就触发了“大而不倒”的道德风险。

其实，真正的危险不是房地产证券化，而是房地产货币化。

次贷危机爆发后，相比联邦财政部，美联储的救市行动是典型的“直升机撒钱”。从2008年12月开始，美联储一共推行了4次量化宽松政策。

最初，美联储使用了5000亿美元购买“两房”的抵押贷款支持证券。然后，美联储又使用了高达1.25万亿美元购买“两房”和吉利美的抵押贷款支持证券。美联储此举堪称“垃圾回收行动”，直接为“两房”的有毒资产埋单。

为了避免联邦政府在实施救援过程中信誉受损，美联储在接下来的量化宽松（QE）中采取了大规模地采购国债的政策。其中，QE2的国债采购规模为6000亿美元，QE3每月400亿美元，QE4每月45亿美元。

另外，美联储还紧急提供300亿美元贷款，支持摩根大通收购贝尔斯登。在美国国际集团的救援行动中，美联储一共提供了1800

多亿美元的贷款援助，占全部援助贷款的10%。

这次救援行动是美联储历史上介入经济最深入的一次，已经覆盖了房地产、投资银行、商业银行、债务市场以及实体经济。

但是，美联储这次“直升机撒钱”的方式，直接将金融从资产证券化推向资产货币化。

资产金融化一般有三种形式：资本化、证券化、货币化。

资本化是资产金融化的基础阶段，属于非标产品，比如你将房产拿去抵押获得一笔贷款，这就是资本化。每个人的抵押物不同，抵押贷款的额度、期限、利息也不同。资本化最大的好处是激活资产，让资产变为资本流动起来。

证券化是资产金融化的中级阶段，属于标准产品，比如公司上市发行股票，是公司资产的证券化；公司发行债券，是公司抵押资产的证券化；交易商发行期货，是大宗商品的证券化。投资银行将抵押贷款打包做成衍生品，抵押贷款就从资本化上升到了证券化。

证券化的资产形式比资本化高级，它是一种标准化产品，执行标准化合约，在交易所可以做到集中竞价、连续竞价、电子撮合、匿名交易及对冲交易。

资产证券化的流动性远大于资本化，资产风险更大，杠杆率更高。目前，金融市场上的大部分产品都是证券化资产，如期货、债券、股票及金融衍生品。

货币化是资产金融化的高级阶段，也是属于标准化的虚拟产品。从20世纪60年代开始，经济学家开始关注到经济货币化的趋势，但是货币化目前还没有统一的定义。

从广义上看，货币作为交换媒介不断地渗透到各个经济领域及环节，可以用M1或M2[①]占GDP的比值来表述。

证券化与货币化的区别，最简单的理解是刚性兑付和资产抵押。

证券化有资产抵押，比如股票对应的是公司资产，期货对应的是大宗商品；是刚性兑付的，比如即使公司退市，股民依然是公司的股东，享有相应的权益。

货币化不是刚性兑付的，也没有资产抵押。比如，数字货币属于一种典型的资产货币化，比特币、以太坊这类虚拟资产没有任何资产抵押，也无法刚性兑付任何资产，只能在市场上通过交易变现。Facebook的天秤币虽然有抵押物（如美元、欧元等），但也不是刚性兑付的，也属于资产货币化。

金本位货币其实是黄金的证券化，人们可以将货币刚性兑付成黄金。信用货币则是国家信用的货币化，无法刚性兑付黄金、国债

① 根据国际货币基金组织的定义，M1是指流通中的现金+可转让本币存款和在国内可直接支付的外币存款；M2是M1+定期储蓄存款+外汇存款+大额可转让存单。一般来说，M1为狭义货币，M2为广义货币，M1的流动性要强于M2。

等储备资产。

但以上只是相对严格界定。其实，无法刚性兑换的信用货币、没有资产抵押的数字货币、不以税收或资产作为抵押的国债、资不抵债依靠透支国家信用维持的证券，都属于资产货币化。

布雷顿森林体系解体后，世界进入信用货币时代，经济货币化一日千里。2008年金融危机爆发后，美联储四轮量化宽松之后，经济货币化大规模扩张。

美联储的资产负债表是洞悉经济货币化的重要视角。

2007年金融危机爆发前，美联储的资产负债表规模不到如今的1/4，几乎都是美国国债。2008年底，美联储开始扩表，四轮量化宽松大举买入了公债和抵押支持债券（MBS），资产负债表膨胀了4倍有余。

美联储扩表买入的资产大部分是“两房”的抵押支持债券以及联邦政府发行的国债。目前，美国公债在联储资产负债表中占55%，抵押支持债券约有40%，二者合计高达95%，其余资产则是五花八门，包括黄金。

可见，一美元中超过一半的资产是来自透支国家信用的国债，另外接近一半来自抵押支持债券有毒资产。

为什么说美联储购买的国债和抵押支持债券属于资产货币化，而之前的国债则不属于资产货币化？

美联储当时为什么要大力购买“两房”的抵押支持债券？是因为次贷危机爆发后，“两房”濒临破产，抵押支持债券出现兑付危机。

换言之，这些抵押支持债务已经沦为有毒资产，其抵押物价值被大大压缩。美联储大量买入这些资产以维持其价格，实际上是在为有毒资产兜底，以透支美元信用的方式支持资不抵债的证券。这是一种恶性的、高风险的经济货币化。

美联储为什么要买入大量的国债呢？道理也是一样的，联邦财政部因援助行动支付大笔资金，不得不发行大规模的国债。为了不让国债价格下跌，并支持财政部融资，美联储在后三轮量化宽松中大举购入国债。

如果美联储不买入，国债价格将下跌，这意味着美国国家信用被透支。从债券组合来看，2013年初，美联储延长债券组合存续期限，以压低长债收益率并提振房市，结果是5~10年短期债券占比最高冲到52%。

美联储此举实际上是在为不以任何税收或资产作为抵押的国债兜底，用美元的信用为美国的国家信用兜底。这也是一种恶性的、高风险的经济货币化。

总结起来，美联储此番经济货币化操作，就是发行美元直接置换国债和房地产抵押支持债券。这是一个双向过程：美元资产的债券化、杠杆化，金融资产的货币化、泡沫化。美元与债券似乎成了左手倒右手、你中有我我中有你的关系，彼此相互兜底、相互依存。所以，现代货币理论认为，债券等同于货币。

美联储主席鲍威尔上台后意识到经济货币化的风险，加快了缩表的步伐和力度。在缩表过程中，鲍威尔对外宣称，希望看到整体资产负债表与美国经济规模之比再萎缩一些，并且希望恢复以国债为主的资产负债表构成。

在量化宽松时，美联储资产负债表在峰值期相当于美国经济年产出的25%左右，而金融危机前的比率为6%左右。这足以看出在过去10年，美国经济货币化的力度有多大。

2019年初，美联储将资产负债表缩减了超过4000亿美元，总规模压缩到4万亿美元多一些，相当于美国GDP的20%左右。这大概是美联储在2014年1月的水平。鲍威尔希望这个比例能够下降到17%左右，并希望长期维持这一比例。

不过，距离鲍威尔的预期还有一些差距，美联储在2019年8月就结束了这轮缩表，然后连降3次息。在10月这次，考虑到降息空间有限，美联储重启量化宽松，每月购买600亿美元的短期国库券。

2008年12月至2019年12月，美联储扩表的力度要远大于缩表，资产负债表规模扩张了数倍，经济货币化程度空前。

经济货币化的结果是：

债券方面，2007—2012年，债券价格上涨了30%；美国国债规模从2009年开始大规模扩张，截至2019年10月31日已突破23万亿美元。

股票方面，道琼斯指数从2009年3月开始触底反弹，从最低的6440点一直涨到2019年底的28000点，上涨了21560点，美股经历了一场史诗级的十年大牛。

楼市方面，美国房地产在2012年前后复苏，之后一直持续上涨，如今又到了相当的高位。

可以看出，过去10年，美国金融资产价格上涨已沦为一种货币现象，房地产、债券、股票涨得不是真实价值，而是货币数量。

由于美元是世界储备货币，美国的经济货币化导致全球经济货币化。现在世界主要国家央行的资产负债表中都储备大量的美元资产，以美元来发行本国货币。中国的外汇占款最高时达40%。这些国家的央行又以外汇购买美债，如今大约50%的美债由外国投资者持有，中国央行和日本央行是持有最多美债的两大投资主体。

这就意味着，全球经济随着美元与美债走向了货币化。

从金融化的路径来看，世界经济经历了这样一个过程：从大萧条时期的房地产资本化（抵押贷款），到20世纪70年代开始的资产证券化（MBS和金融衍生品），再到2008年之后的美国金融货币化（货币化支撑的债券、股票、房地产），最后到蔓延到全球经济的货币化（美元、美债支撑的全球货币资产）。

03
经济杠杆化

过度重视经济的因果律，则容易忽略规律的客观性。

若大萧条时期，国会不通过《住房贷款银行法》和《国家住宅法》，不成立联邦住房贷款银行，不成立联邦住房管理局，是否可以阻止房地产资本化？

若联邦政府不成立联邦国民抵押贷款协会，不收购抵押贷款，抵押贷款交易这种新型金融市场是否就不会诞生？

若房利美不私有化，国会不扩大其权限收购普通抵押贷款证券，是否就不会刺激抵押债券市场的膨胀？

若布雷顿森林体系不解体，《格雷姆－里奇－比利雷法案》不被废除，禁止金融混业及外汇投机，美国投资银行是否就不会兴起，房地产证券化及其金融衍生品就不会泛滥？

若金融危机后，美联储不选择大规模扩表，购买巨额国债及“两房”的抵押支持债券，那么金融资产货币化、全球经济货币化是否就不会发生？

从历史来看，《住房贷款银行法》、《国家住宅法》、联邦国民抵押贷款协会、“两房”的成立、布雷顿森林体系解体、《金融服务现代化法案》的出台（金融混业）、MBS、金融衍生品等，都是具有风险性质、增加杠杆的。

从结果来看，2008年金融危机是一场被房地产证券化裹挟的灾难。如今，全球经济债务问题是这场灾难的延续，是房地产证券化上升到金融资产货币化的结果。

一个个高杠杆、高风险的制度，最终酿成了一次次经济灾难。

看过一次次金融危机之后，很多人对市场化之路缺乏信心。市场，意味着风险；政府，似乎更加安全。

但是，美好愿望总是无法将我们送达彼岸，且常常事与愿违。

人类近代经济的崛起历史，正是由一个个高杠杆、高风险的市场制度组合而成的。

市场制度本身就是一种风险性制度（因交易费用）。这些制度向市场释放风险的同时，也伴随着巨大的激励性。

从有限责任公司制、股票交易制度、代理人制度，到国债、期货、信托、保险、外汇、金融衍生品以及信用货币制度，都是高杠杆、高风险制度。正是这些制度不断地刺激着企业家、投机家逐利的欲望与野心，促使其不断地跨越重洋、冒险竞逐。

例如，按揭制度极大地扩大了房地产的销售规模，让很多人买了房子，但这是一种具有杠杆性质、风险性质的制度。又如，若下调住房贷款首付比，房地产市场还能来一波，但是市场风险可能非常大。

以有限责任公司制为例。

1602年，一位名叫约翰·奥尔登巴内费尔特的荷兰政治家积极斡旋，成立了历史上第一家股份制公司——荷兰东印度公司。

与一年前成立的英国东印度公司不同，荷兰东印度公司采用了一种新型的公司制度——他们聚集了约650万荷兰盾资本，成立了历史上第一家股份制公司。

按照股份协议规定，新的投资者与原投资者必须在10年后的“一般清算”时才可加入或退出。这一规定意味着，首次分红是在10年之后，而远洋贸易又是一种风险极高的投资，一些投资人为了规避风险，开始想办法、讲故事，试图抬高手中的股票价格转卖，以转嫁风险、套利退出。随着股票交易积少成多，阿姆斯特丹逐渐形成了世界上第一个股票交易市场。

股份公司制和股票交易制也同样制造了一种市场风险——有限责任。

在此之前，欧洲公司、中国商行，其投资人与经营者合为一体，且以家庭财富、精神人格、债务承袭作为担保展开经营。如今，投资人只承担“有限责任”，还能随时退出。

这无疑极大地激发了市场的冒险精神，鼓励投资者、投机家和水手们跨越重洋、牟取暴利。

1892年，德国颁布了世界上第一部《有限责任公司法》，从法律上明确了“有限责任”。之后，大多数国家都陆续制定了有限责任公司法。

有限责任制、股票交易制、代理人制度等经济制度，是一把“双刃剑”，它既是一种激励制度，又是风险制度。

事实上，随着高杠杆、高风险制度的演进，经济危机也表现出不同的特征。

第一阶段，以过剩性危机为主。

自1788年英国爆发第一次过剩性危机以来，到1825年，共发生了7次经济危机，几乎都是过剩性经济危机，危机的严重性和波及程度一次比一次大。其中原因，除了第一次工业革命的技术性冲击，还有“有限责任”制度下的企业家冒险。

弗莱堡学派创始人瓦尔特·欧根在其“秩序自由主义”中严厉批评了“有限责任”，认为“有限责任”激励企业家过度冒险而做出错误的决定。

有限责任制度运用到金融系统后，将带来更大的风险。首先是股份制银行。股份制银行是一种净资产极低的运行机制，主要从事人际、时间、空间的资产配置。但是，由于净资产过低，一旦市场波动就容易引发挤兑导致银行破产。

第二阶段，以金融危机为主。

有限责任制度加上银行、股票、债券制度就更为复杂，经济危机也从过剩性危机转移到金融危机。

到了19世纪初，面对频频爆发的产能过剩性危机，英格兰银行的业务逐渐转向公债市场，大幅缩减了国内私人贷款。1821—1825年，英国人豪赌美洲市场，伦敦交易所共对欧洲和中南美洲国家发行了4897万英镑公债。

1825年下半年，供给严重大于需求，纺织品价格开始下跌，中南美投资泡沫崩盘，超过3000家企业倒闭，纺织机械价格大跌80%。危机外溢到金融系统，股票价格暴跌，近百家银行破产。1825年底，英格兰银行的黄金储备从1824年底的1070万磅[①]降至120万磅。

1837—1929年，共发生了10次经济危机，平均10年左右一次。而每次经济危机都由金融市场引发，都与股票、债券投机，尤其是铁路股票投机有关。

第二阶段，以债务危机、货币危机为主。

到了20世纪70年代，浮动汇率制度、信用货币制度、金融混业制度以及金融监管放松，金融危机频发，尤其是债务危机和货币危机，如1982年拉美债务危机、1990年日本泡沫危机、1994年龙

---

① 根据国际度量换算标准，1磅≈453.6克。

舌兰危机、1997年亚洲金融危机、2002年阿根廷债务危机、2007年次贷危机、2008年金融危机、2009年债务危机以及近年来的新兴国家债务及货币危机。

早在1819年，蒙第就在《政治经济学新原理》一书中一针见血地指出“人们所受的各种灾难是我们社会制度不良的必然结果”。

为了驾驭这些高风险、高杠杆的经济制度，西方国家也制定了不少保障性的制度。

比如，有限责任制和股票交易制度诞生后，欺诈、跑路、内幕操纵及庞氏骗局层出不穷。经过几百年的完善，如今欧美国家已经形成了完善的公司法、证券交易法、信息披露制度以及一系列金融关键法案，这些都是保障性的制度以降低风险。

又如，破产法其实是与有限责任制相匹配的一种法律。但是，这项法律需要一系列制度及执法能力的配合。若配套制度跟不上，就容易陷入两难。不让企业破产，则无法充分激活有限责任制的激励性；若随便让企业破产，又会制造更严重的风险。

再如，托拉斯组织。19世纪末，托拉斯组织出现，与股份公司制度、股票交易制度、信托制度、债券交易制度全部捆绑在一起。当时，托拉斯控制银行、信贷及金融系统，掌控着雄厚的金融资本，导致股票投机更加猖獗，并不断引发金融危机。

1890年，国会通过了《谢尔曼反托拉斯法》以制裁托拉斯组织。这部法律被老罗斯福大规模启用，并成为“经济宪法”。

再看信用货币制度及金融混业制度。1971年，布雷顿森林体系解体，引发了“尼克松冲击”，世界汇率动荡不安。当时包括蒙代尔在内的不少经济学家及银行家都希望回到金本位、固定汇率时代，因为信用货币和浮动汇率风险太大。

但是，人类进入信用货币时代的步伐已经不可逆。信用货币制度打破了刚性兑付及固定汇率，金融风险大增，金融混业制度的出现又火上浇油。2008年金融危机爆发后，我们一直在反思：面对被房地产及资产货币化绑架的世界，我们还需要完善各种制度。

例如，财政硬约束防止央行沦为“提款机”，如德国政府一样规定央行购买国债的额度；更加明确央行的货币政策目标，建立货币与其他宏观经济目标的隔离墙，禁止货币政策不服务债券、股票货币化；强化对金融巨头的监管，打破货币市场的二元结构，打击资金贩卖行为；等等。

从资产资本化到证券化，再到货币化，激励性越来越大，风险也越来越大，需要更加完善的保障性制度。

值得注意的是，经济货币化虽然风险巨大，但并非一无是处。弗里德曼、戈德史密斯和施瓦茨等经济学家通过分析，得出一个结论：经济货币化比率的差别基本上反映了不同国家的经济发展水平，货币化比率与一国的经济发达程度呈现明显的正相关关系。

货币化是金融化的高级阶段，经济货币化需要配以更加完善的制度及更高的执法水平。

所以，人类近代经济的崛起、财富的增长，是一组组激励、风险与保障性制度共同配合演进的结果——这是一种从经济制度的角度理解经济危机的视角。

不过，保障性的制度也会诱发新的风险。比如，央行的“最后贷款人”制度和存款保险制度，降低了银行被挤兑的风险，但加剧了金融家的道德风险。

但是，世界本如此，博弈才能进步，不确定性是进步的常态。人类一直行走在经济快速增长的刀锋之上，若制度配合失调，则可能爆发危机、坠入深渊。前路诱惑与危机并存，除此之外，我们别无选择。若放弃这些风险性制度，人类将回到17世纪以前——一个几千年来生产力极度低下且几乎零增长的时代。

从根本上说，人类选择高风险制度之路，符合近代社会的演变规律——权益与自由的解放。

从权益角度来看，近代人类社会的权益大致呈现三个趋势：分化、降维、流动。

从封建社会到现代民主社会，是人类历史上非常关键的一次权益结构再分配：权益分化，如政权、军权、司法权、铸币权等都分化独立；权益降维，国家权力下放到国会或选民手上，税收转移支付让更多底层民众享有公众福利；权益流动性，政治权力不再家族世袭，而在候选人（民众）身上流动，民众的言论、迁徙等权力实现自由行使。

近代一系列经济制度的诞生，从根本上符合人类社会这一历史性趋势。

以股票交易制度为例。

股票市场诞生，上市公司经过“股改”后实现了权益的分化、降维和流动性。

第一是所有权和经营权相分离。股市诞生将股权市场分化为一级市场和二级市场，二级市场的股民属于投资型的股东，享有所有权和股东决策权，但是没有经营权。

第二是所有权降维。上市公司将公司所有权出让给普通股民，在谷歌上市前想购买其股权并不容易，而在其上市后大众可以自由买卖。

第三是流动性。上市之前的公司转让股份比较困难，普通股民在股票市场上出售和购买股份（未达举牌线，未锁仓）无须经过任何股东同意，可自由操作。

权益的分化、降维和增强流动性，促进权益分配更加合理，从而达到提高激励性的效果，构建一套高效的游戏规则。

近代一系列高风险与高激励并存的经济制度，是近代自由化制度的一部分；符合自由化、产业分工和权责利均等的规律趋势，让承担责任、做出贡献（业绩）、付出劳动（智慧）的人，匹配相应的权力和收益。例如，“同股不同权”制度，把股权从所有权和投票权进一步分离和降维，让渡更多投票权给创业者和职业经理人。

但是，正如哈耶克所言，追逐自由是有风险的。他说，听命于法律而不是其他，才叫自由。反过来说，自由的风险需要法律作保护。同样，经济制度蕴含着自由的风险，自然也需要法律的保护。

所以，人类发明的这套经济制度，本身就是一个制度性泡沫非均衡，激励与风险并存，理性与泡沫并存，自由与危险并存。当前，信用货币及国债支撑的经济货币化，促使世界处于在一个长期的、巨大的理性泡沫非均衡之中。

参考文献

[1] 邵宇，陈达飞. 被金融裹挟的房地产[R/OL].（2019-11-12）[2023-04-06]. http://www.chinacef.cn/index.php/index/article/article_id/6249.

[2] 米尔顿 · 弗里德曼. 货币的祸害[M]. 安佳，译. 北京：商务印书馆，2006.

新加坡的危机感

1818年，托马斯·斯坦福·莱佛士前往马来半岛为英国东印度公司挑选商站，发现此处被荷兰抢占，转寻他处，发现了新加坡。莱佛士登上新加坡时，岛上只有500人居住。

然而，新加坡有着天然的地理优势。马六甲海峡是印度洋和太平洋航运的最重要通道，被誉为海上航运的“生命线”。马六甲海峡西北宽东南窄，位于东南端的新加坡扼守住了马六甲海峡的咽喉。

1819年1月29日，莱佛士与马来柔佛王国驻守当地的天猛公会面，并签署了临时协议：英国用3000西班牙银元拿到了在新加坡建立商站的权利。4年后，他又获得了全岛的管理权。

莱佛士指示新加坡第一任参政司将其开放为自由港、免税港。就此，新加坡全球转口贸易的角色被写入了基因。

经历英国百年的殖民文化和开放经商后，这个小岛聚集了移民人群。1965年，新加坡走向了独立，成为一个国家。建国者李光耀此时仅有42岁，他接受西方教育，又深知东亚人文，后被认为具有威权主义属性。

此后30年间，李光耀利用新加坡特殊的地缘政治施展“小国大外交”，新加坡人携带着危机感开拓进取、拥抱世界，这个小岛最终成为全球开放经济体的“绿洲”。它环境宜人、文化多样、经济开放、政府高效透明，颇受资本和科技新贵的欢迎。

不过，50多年过去了，新加坡政治的实际掌控人依然是李光耀家族及其政党。这是新加坡人面临的历史难题。当今世界格局和秩序正在重建，地缘政治震荡，强烈依赖外来资源、要素的新加坡面对的挑战越来越多。

本部分关注新加坡如何从一个传统落后的岛国成为一个开放发达的现代经济体。

01
移民国：何以生存

1945年9月12日，一个不寻常的上午，新加坡的市政局大厦聚满了围观居民，22岁的李光耀也身在其中。他看到一名身穿白色海军制服的军官走上了台阶，随后脱下了军帽，向士兵欢呼。那是路易斯·蒙巴顿勋爵，有着英国贵族血统的海军元帅，时任二战东南亚盟军总司令，与他同行的还有7名同盟国部队军官。人群沸腾了，他们看着7名高级日本将领签下降书。

日军撤退，新加坡人民终于结束了日治下残酷的3年噩梦，重归英国的“宁静”殖民统治。

19世纪初，新加坡就成为英国的海峡殖民地。起初多是华人移民，而后“海峡土生华人”越来越多。土生华人早已习惯了英式殖民地文化，社会富裕阶层更以子女接受英式教育为荣。李光耀也是其中一员。他的曾祖父从广东下南洋，随后在此经商，祖父经营轮船事务，家道昌盛。日军入侵时，他就读莱佛士学院——新加坡最好的英校。

1946年，李光耀登上了大不列颠号客轮，前往英国伦敦经济学院求学。几周后，他转到剑桥念法律，保持着名列前茅的成绩。

远在欧洲的李光耀时刻关心着新加坡的局势。新加坡在英总督统治下，进行着缓慢的复苏。

李光耀与结识的殖民地留学生之间，时常激烈讨论新加坡、马来西亚的未来。在剑桥求学期间，他遇到了曾经在莱佛士学院任教的经济学导师吴庆瑞，两人志同道合，有着相似的理念。后来李光耀执政新加坡，吴庆瑞也在经济方面做出了巨大贡献。埋头苦学的同时，李光耀加入了剑桥大学工党俱乐部，每逢周五去听英国工党政府部长的发言。

“我这一代在第二次世界大战结束后到英国留学的新马学生，完全接受了工党政府的公平合理纲领，我们也很向往成熟的英国制度。我们把在英国看到的一切，拿来与新加坡和马来亚比较……在新加坡的宪制舞台上，根本看不到任何政治力量……我深切感到我们这一代人回到新加坡的时候，必须填补这个政治舞台。”①

1950年，通过英国律师资格考试的李光耀返回新加坡。大学毕业的他在一家律所工作，亲身接触政府作为后，他更加“怒其不争”。

1952年，在一次代理邮电工人的罢工运动中，李光耀获得了知名度。他联系了当地报纸发表社论，帮助邮电工人撰写宣言、罢工游行，最终吸引了公众舆论的关注与支持。工会领袖得以与政府和谈，罢工取得了胜利。作为受过良好教育的年轻本土华人，经此运动，李光耀迅速出头，成为新兴阶层的拔尖代表。

一次次接触后，李光耀结识了工人阶级的活跃分子与核心力量。1954年，在他的主张下，人民行动党就此成立。虽然此时这个组织仍然薄弱，但早就有心从政、立志改变新加坡政治生态的李光

---

① 李光耀. 风雨独立路：李光耀回忆录（1965—2000）[M]. 北京：外文出版社，2001.

耀意志坚定，他与同盟们四处奔走演讲，角逐议员选举，扩大党派影响力。

1955年，新加坡罢工运动此起彼伏，律师兼议员身份的李光耀从中调停。同年7月，同为英国殖民地的马来亚联邦大选后，巫统[①]首领东姑·拉赫曼向英国提出了“独立”的诉求并且大获胜利，两年后马来亚独立。

满腔抱负的新加坡首任首席部长[②]马绍尔受到激励，也试图追求“独立”，当时任人民行动党秘书长的李光耀深知这是海市蜃楼，但辩论无效。果然，全权独立的诉求惹恼了英国。林有福接任新加坡首席部长，同时提交了新的宪制大纲给英国议院，建议新加坡为“自治邦”。

1959年，新加坡取得自治地位。同年5月，新加坡开启了第一次大选。人民行动党在51个立法议院议席中赢得43席，大获全胜。35岁的李光耀正式执政新加坡。

英国总督退出新加坡，英国国旗也从新加坡的上空降下。新的国徽、国歌诞生，新的政府机构改革、城市面貌改造、公务员降薪……新一届政府有条不紊地展开着国内建设。然而，英国人的

---

① 巫统是马来西亚的一个政党，同时也是该国政党联盟“国民阵线”的创始者及最大党派。自马来西亚1957年独立后至2018年马来西亚大选为止，巫统一直是该国的执政联盟首领，主宰着马来西亚政治。

② 1955年，新加坡由英国殖民政府改为部长制政府。

“大马来西亚”目标从未熄灭。

起初，东姑·拉赫曼坚决反对与新加坡合并，其对国内的政敌社会主义分子十分警惕。这时，人民行动党对外的标签仍然有浓厚的社会主义气息。其实，李光耀对此也保持警惕。他并不希望独立的新加坡走向这条道路。

在英国推动下，李光耀提出了一个更大的合并方案，包括婆罗洲英国三属地。经过了多次谈判和重重困难，马来亚改变意见，同意与新加坡合并成为马来西亚联邦。

然而，政治合并终究拗不过人民意志，百姓的分裂造就了两股相互敌视的力量。合并第二年，马来人与华人爆发种族冲突。此次冲突使马来西亚政府开始执行马来西亚新经济政策以消灭种族及经济差异同时减低贫民率，加强马来人在马来西亚的经济地位。

无可奈何之下，绕开英国，李光耀与马来西亚首相东姑·拉赫曼签署了一份协议——利兹协议，新加坡的命运就此改变。

1965年8月9日，星期一，10时，新加坡广播电台的流行歌曲突然中断。广播员庄严又简洁地读完了一份宣言——“我，李光耀，以新加坡总理的名义，代表新加坡人民与政府，宣布自1965年8月9日起，在自由、正义、公平的原则下，新加坡将永远是一个自由、独立与民主的国家”。紧接着另一份宣言，马来西亚东姑·拉赫曼也宣布，新加坡不再是其一个州，成了一个独立自主的邦国。

这两份宣言分别用马来语、华语、英语播送一遍。此前，李光耀已经会见了各国使团，将新加坡独立的消息传播了出去。对此，新加坡华人区如释重负，人们放鞭炮庆贺。然而，新加坡独立，实非李光耀所愿。在当天电视台的发布会上，当追述几天前的吉隆坡会谈时，李光耀心情激动，口不能言，停顿了20分钟才继续回复记者。

“眼前困难重重，生存机会非常渺茫。新加坡不是个自然形成的国家，而是人为的。我们把它继承过来，却没有腹地，就像心脏缺少躯体一样。”李光耀内心始终盘桓着一个问题：如何生存下去?

新加坡国土面积仅有685平方千米，人口仅200万人，放弃了抱团成长，独立只会更难。李光耀不禁感到茫然。当时，打头的第一个要紧事是解决就业。政府预测下一年的失业率将达到14%，情势很糟。如果没有妥善过渡，新生的政府极可能迎来动乱。

即将撤离的英国驻守队伍给了新加坡一个重创。新加坡国内生产总值里，英国驻守防务开支就占了20%。英军的撤离，还引发了新加坡国内资本外流的恐慌。李光耀前往同样历经英国撤退的马其他考察，发现这里的港口工人已然悠哉度日了，暂时凭借英国企业给予的裁员补偿。然而，他意识到，绝不能让新加坡的工人“靠讨饭钵过活”。

况且，长期来看，大英帝国光辉逝去，新加坡的价值也随之消散。新加坡过去以转口贸易和资源出口为主的产业完全是在英国殖民地这一角色下堆积起来的，1959年以前，新加坡国民收入的75%来自转口贸易活动。倘若离开英国，新加坡应该走哪条路？李光耀的思考是务实的："新加坡的转口贸易已经达到顶限，往后会进一步式微。我们想方设法，愿意尝试任何切实可行的点子，只要能制造就业机会，我们不必负债过日子就行。"

更为难得的是，充满危机感的新加坡有着全球化的视角：需要在全球竞争中找到一个独特的优势。李光耀为新加坡的未来画下了蓝图："处在第三世界地区的新加坡，要成为第一世界的绿洲。"

02

开放体：头等要事

李光耀找到了荷兰籍经济学家阿尔贝特·温斯敏特，后者曾在1961年联合国技术署的一个项目下访问新加坡，此后20多年他成为新加坡的经济顾问。温斯敏特教授认为，此时的新加坡"正走在刀刃上”。

虽然同是落后的第三世界，但或许因为历史遗留因素与资源匮乏、邦国狭小的紧迫感，这批接受英式教育的开国者们一开始就选择了不一样的道路。

当时，一派经济学家将跨国公司视为对发展中国家的廉价土地、劳动、原料的剥削者。发展中国家向发达国家出售廉价的原料，又向其购买消费品。这种理论没有引发李光耀的共鸣：“我们有实实在在的问题要解决，不能受任何理论或教条的约束。我们的责任是为新加坡200万人提供生计。”

相反，他们的想法是，倘若能够吸引跨国企业的工厂，也就能吸引来资金、知识、市场和人才。因此，与20世纪60年代一批追赶者们惯行的“幼稚产业保护”政策相反，新加坡从一开始就拥抱了开放。

过去，新加坡作为贸易中转枢纽，一部分是得益于天然的地理优势，另一部分则是英国的“照顾”。而现在，新加坡必须要培养起本土的、能够说服投资者投入资金的条件。

1961年成立的经济发展局变身为一个一站式服务机构，工作内容就是吸引和服务外来投资者、企业家。

这群经济发展局官员年轻有为，干劲十足。然而，此时的新加坡仍然是第三世界国家中默默无闻的一个，“经济发展局官员有时拜访四五十家公司，才找到有一家有兴趣访问新加坡”。与此同时，新加坡修建基础设施，比如，完善的工业园；参与工业投资；推出财务奖励、免税等措施；稳固劳资关系；等等。

历经数年的摸索后，20世纪60—70年代美国的电子产业转移浪潮选中了新加坡。1968年，得州仪器、惠普等公司决定来新加坡设厂。随后，一批美国电子公司接踵而至。70年代，新加坡出口工业的外资年增长率达到了10%~20%。1973年，新加坡经济年平均增长达到了12.5%。

在制造业让新加坡的机器运转起来的同时，李光耀及其内阁部长们开始瞄向了另一个目标：东南亚的金融中心。

1968年，经济发展局局长韩瑞生向温斯敏特寻求建议，后者给出的首要建议是解除外汇限制。新加坡当即决定放开外汇管制，允许资金在新加坡自由流动。

放下身段，放开限制，新加坡迅速吸引了大批外资汇入。比如，新加坡宣布取消非居民利息预扣税，所有亚元存款无须遵守法定流动资产和储备规定；外籍居民在新加坡开户存款的利息可自由汇出；外籍居民在亚洲货币金融机构的存款、亚洲美元债券、新加坡政府发行的免税公债均可免收产业税。跨国银行机构率先入局，在此进行中转交易。随后新加坡的外汇、证券等金融衍生产品交易市场、基金管理市场等也日益壮大。

李光耀在回忆录中提到，20世纪80年代中期后，同区域的其他国家纷纷效仿新加坡实施更为优厚的税务奖励措施，但其实新加坡金融中心的根基在于专业透明的金融监管，这背后是“法治和司法独立，稳定、称职而清廉的政府。财政部每年都要有预算结余，新元坚挺而稳定”。

其实，独立后的新加坡从制度上就做好了“严控货币”的准备。

早在1965年新马分家后，两国准备发行各自的货币，李光耀同吴庆瑞就认定，新加坡放弃央行制度，保留货币局，货币局每发行1新元都要有百分之百的外汇储备。时任财政部部长林金山认为，“对一位喜欢在财政预算出现赤字时玩弄数字的财长来说，有个中央银行就等于开了道方便之门，我想，我们没理由让新加坡的财政部部长面对这样的诱惑”。后来，新加坡金融管理局兼备了央行的各项职能，但是无货币发行权。

20世纪80年代，新加坡GDP以7.7%的速度增长。新加坡已经着重引进高增值、高技术的产业，半导体、石化、精密机械制造、光学器械等持续加码在新加坡落户。当然，这种产业政策是有收有放的。政府并未筛选工业，而是将这项工作留给了跨国公司，“让它们自行选择认为能成气候的工业”，政府的工作着眼于经济目标的拟定和检讨。

新加坡政府的确扮演了一个“全能的服务者”的角色，但是始终守住了自由市场和对外开放的底线。

人才的培养无法像基础设施、政策那样快速见到回报。20世纪70年代末，新加坡政府开始了人才培育计划。政府每年都会选出最优秀的一批学生颁发奖学金，并且保送他们去英、美、加等国接受教育，让这群年轻人成为新加坡第一批企业家。另外，新加坡向日本、德国、法国和荷兰发出邀约，在新加坡成立培训中心，让新加坡的本地工人接受专业训练。优质的工人素质，成为在税收、政策便捷度之外对外商工厂投资的又一加分项。

20世纪90年代，资本、信息、技术等要素在全球快速流动，一开始就坚守开放的新加坡“守得云开见月明”，发展也更上一层楼。在全球化加持下，新加坡进一步巩固了全球自由贸易港、亚洲金融中心的角色。全球税收洼地、高效的政府、公开透明的制度、高素质的人才，吸引了大批跨国企业、新兴高科技企业入驻新加坡。

对国内外资本一视同仁，是新加坡一个鲜明的特色。直到20世纪80年代后期经济步入快车道，新加坡也没有采取降低外资占比的措施。1990年，外国在新加坡投资总额为24.8亿美元，其中美国占42.5%，日本占28.5%。1972—1989年，制造业总投资为204.5亿新元，其中外资占80%。

李光耀始终有着全球化视角和前瞻性。1992年，李光耀加入了JP摩根国际咨询委员会，见识到美国一流银行高层的专业化素质。后来，李光耀与本土四大银行中的3家沟通，发现这些人仍然希望政府能约束外资银行，“他们尚未意识到，排他、不放眼天下和缺乏前瞻性的心态有多么危险”。

1998年，在李光耀授意下，时任金融管理局主席李显龙开启了对金融业的改革。政府注资的新加坡发展银行聘请来摩根银行的资深高管。新加坡政府批准外资特准全面银行增设更多分行，撤销对外国投资者在本地银行的股权限制，开放国内银行业，迫使本土银行提升服务，参与竞争。

03
现代化：两相悖论

在住房、医疗、养老等关切民生的公共制度上，李光耀的理念及举措有着明显的差别，用他的务实主义态度来理解是恰当的。

各国都头疼的住房问题，新加坡是如何解决的？在一个以移民人口为主的国家里，李光耀希望以“居者有其屋”来建立起新加坡移民人口对这个国家的认可感，严控土地供给和价格，以保障中低收入群体有房可住。

20世纪60年代，新加坡在城市面貌上与多个东南亚国家无异，住房紧缺、环境污染、贫民窟成群。建屋发展局就此成立，为工人提供廉价住房。

新加坡采取土地国有制，建屋发展局不仅统一规划、开发和建设组屋，也成为其住宅市场的主要供给方。但是，政府不收取土地溢价。《新加坡宪法》规定，政府财政运营不能动用国有土地出售所得资金。所有的组屋定价以中低收入居民为参考，争取维持4~5的房价收入比。而高收入不符合标准者，只能以高价购买少量私人住宅房屋。

1960年，新加坡只有10%左右的居民拥有住宅。几十年来，建屋发展局累计建成超过100万套组屋。目前，新加坡超过80%的家庭居住在政府提供的组屋里。新加坡的住房自有率超过90%，发达国家的住房自有率一般在60%左右。

另外，李光耀杜绝公共福利泛滥。在英国读书期间，李光耀亲身受用过医疗福利保障，但是内心始终不认可。他认为，个人应尽量承担各自的义务。“全民享受免费医疗”不仅给社会带来了巨大成本，也会削弱激励，增长停滞。

新加坡政府沿袭并加强了英国殖民时期创下的中央公积金

制度，要求每个公民进行一笔强制储蓄，最初只是工资额的5%，1968年后政府每年都抬高公积金缴纳率，到1984年已经达到25%。基于新加坡连年经济增长的坡度，实际居民到手的工资连年仍在增加，所以并未引起异议。1984年，新加坡政府推行“保健储蓄计划”，其实就是从每个人的公积金账户中拨出一部分以偿付医疗费用。

新加坡以“高薪养廉”，公务员和国有企业员工的薪资与市场衔接。国有经济部门会引入市场化的绩效考核、预算约束等方式，新加坡政府并未出现国有经济在强大计划指令下会出现的痼疾。

甚至，政府预算约束被写入宪法，对政府财政预算案过程、财政储备的使用、财政的监督管理权限都做出了规定。而在政府预算的评估机制里，资本化指标是一个重要衡量标准。各部门必须不断压缩自身运行成本，增加收入。

新加坡经济上的“清明、高效”仍基于政府强大的权威。它将新加坡从遍布贫民窟的小国变成了世界闻名的花园城市，其政府效率、公共服务能力乃至国民教育素质都傲居全球前列。这的确是“新加坡奇迹”。但是，它依赖一批理性、勤勉、务实和具有理想主义的精英。

独立后的新加坡承袭了英国的议会制框架，议会选举，胜出的政党组阁。新加坡独立后，人民行动党连续执政60年。新加坡实行民主投票、司法独立，人民行动党的确是民选政府，但是“国父”李光耀一手组建起来的新加坡政府缺乏竞争性，权力监督和制约不靠制度，而靠精英、靠“人治”。

“好的政府应该是诚实有效率的——能够保护人民，让人人有机会在一个稳定有序的社会里自我提升和过上好日子。”这是李光耀对好政府的解读。

20世纪90年代以来，西方媒体对新加坡“威权统治”的批评不绝于耳：人民行动党对于反对党的镇压、国内媒体舆论的管控和李氏家族对国有资本的所有权等。1990年，李光耀卸任总理，新任总理王作栋进行了一系列改革，但是未触及根本。

1991年，新加坡修改宪法，规定总统由人民直选产生。1993年，副总理王鼎昌成功当选第一位民选总统，然而他发现自己处处受限。王鼎昌在卸任时说，新加坡人很幸运，在过去的35年中有一个廉洁并且有能力的政府。

2004年，李显龙接任总理，成为新加坡建国后的第三任总理。李显龙从1979年开始从政，有着丰富的经济治理经验。然而，外界普遍认为，李显龙缺少其父的深远洞察力，尤其是在外交上，不具有李光耀周全睿智的外交策略。

2011年，人民行动党在国会选举中得票率下滑到有史以来最低。此时的社会财富、阶级构成、社会心理乃至国际局势都有显著的不同。李显龙面对着新一代的国民，与开拓者相比，他们在走向现代化的过程中更加渴望政治自由，而非经济自由。问题的本质是全球化、现代化的新加坡能否彻底告别威权主义色彩？

李光耀被认为是威权主义过渡到开放国家的典范。人们感兴趣的是李光耀为何没有行至中途刹车？根据斯密定律，市场规模决定技术分工。新加坡市场狭小，只能融入国际市场，加入全球化的产业分工中精进技术。如此，公众、政治强人与这个国家的利益处在一个方向上。

在新加坡的建国志中，蕴藏着政治强人开放与务实的智慧。然而，在如今国际旧格局摇摇欲坠、秩序崩坍的时代，新加坡人渴望政治自由又依赖精英政治，如何抉择？

或许，新加坡人的价值观已经给出了答案。建国之时，李光耀听从了温斯敏特的建议，保留下新加坡河畔点的莱佛士雕像。此后，莱佛士雕像一直耸立于此，见证着新加坡国民的来来往往。如今，莱佛士成了新加坡的精神。

参考文献

[1] 李光耀. 风雨独立路：李光耀回忆录（1965—2000）[M]. 北京：外文出版社，2001.
[2] 李光耀. 经济腾飞路：李光耀回忆录（1965—2000）[M]. 北京：外文出版社，2001.
[3] 刘劲. 新加坡模式研究[R/OL].（2021-05-20）[2023-04-06]. https://opinion.caixin.com/2021-05-20/101715511.html.

经济思想

思潮络绎不绝，观点川流不息。在以思想为商品的无形“集市”中，“消费”更便捷，也更复杂。那些似是而非的真理、算法助长的信息茧房，似野草般疯长。

思想拂尘，文明进化，本就是一场一个个自我与人性低点的漫长竞赛。但我们不得不思考：思想市场交易的干预边界在哪里，如何确保制度有效性、监督不缺席。

正如约翰·弥尔顿所言：“让她（真理）与谬误交锋吧，谁看见在自由而公开的交战中，真理会败下阵来？”

欧肯与《经济政策的原则》

与弗里德曼、哈耶克、芝加哥学派相比，欧肯与其开创的弗莱堡学派的名声要低调得多，很多人并不了解他们。

的确，这个学派专注于研究实用主义的经济政策，对经济学领域的一般性理论的研究相对较少，因此受到的关注较少。

然而，欧肯与弗莱堡学派的理论却经常被政府经济政策顾问作为参考。

二战后，德国的经济快速恢复，保持了30年的高增长。如今，德国是全球第四大经济体，是欧洲第一经济大国，是欧元区经济稳定最坚实的靠山。德国制造业是高端制造和“工匠精神”的代名词。而且，德国私人部门的整体负债率很低，制造企业现金流充足、经营稳定、技术扎实。

对于德国历经的30年增长，欧肯及弗莱堡学派的思想作用重大。

欧肯在二战后担任联邦德国政府经济部咨询委员会委员，参与德国经济政策的制定。

弗莱堡学派另一位重要人物，路德维希·艾哈德，也先后担任过德国巴伐利亚政府经济部部长、德国英美占领区经济署署长，以及德意志联邦共和国经济部部长、副总理、总理等职务。

路德维希·艾哈德被称为德国的“社会市场经济之父”。他推行的社会市场经济政策，基本是继承了欧肯的经济思想，最终还以《基本法》的形式确立下来。

本部分分析和回顾欧肯的经济学思想及其在德国政策中的实践。

01
如何开启第三条道路

1891年，欧肯生于德国耶拿。他的父亲是一位哲学家，曾获得过诺贝尔文学奖。父亲的哲学背景对欧肯的经济思想产生了重要影响。

1913年，欧肯获得了莱茵弗里德里希－威廉大学经济学博士学位，其博士生导师为赫尔曼·舒马赫。

一战后，欧肯从战场回到大学任职，担任舒马赫教授的助理。正是在此时，德国爆发了历史性的恶性通胀。

当时的通货膨胀严重到什么程度？一战前，一美元兑4.2德国马克，但到了1923年，一美元可以兑4.2万亿马克。

这次恶性通胀，将大部分德国人辛苦积累的财富化为乌有，给德国人带来了极大的痛苦。对通货膨胀的恐惧，成为当时的时代记忆。

当时，德国经济学界被历史学派统治，这一学派主张经济理论应依赖本国文化，否定古典主义的普适性和一般规律，强调一国经济政策的特殊性。例如，历史学派强调“德国特殊论”，反对经济自由主义，主张“国家干涉主义”，最终走上了支持德国国家主义扩张的庸俗之路。一战后，历史学派对德国的恶性通胀束手无策。

至此，欧肯果断地抛弃了历史学派的学术理论，赴波恩追随当时德国极少数反对历史学派的经济学家之一海恩里希·迪策尔。

“迪策尔将经济体制区分为竞争体制和集体体制，把各国的经济想法视为集中和分散秩序的混合体。”欧肯完全接受了这一主张。而第一博导舒马赫则启发欧肯提出了新的经济研究方法和思路。

当时，历史学派和奥地利学派就经济学方法论展开了一场论战，双方代表人物施穆勒和门格尔互不相让。欧肯并没有站到任何一方，而是提出了中庸策略。

他主张从现实经济的问题中提炼出一些决定性的因素以及关联关系，并将其上升到一般性理论。这种做法其实就是将特殊性与一般规律相结合，将一般理论与现实问题相结合来分析问题。

在后来的著作《经济政策的原则》中，欧肯对自由放任和集中管理这两大经济政策都做了批判。欧肯不赞同集中管理，因为他认为这样做容易限制自由和削弱公共福祉；他也不赞同新古典主义主张的自由主义经济，认为自由放任带来的私权如垄断力量，最终会破坏自由竞争。

他的看法是，人们的知识是有限的和不完全的。工业化和技术进步的冲击，导致市场越来越复杂、信息越来越混乱，人们对市场的判断更加模糊。所以，市场容易失灵，政府必须有所作为。但政府不能乱作为，而是应该以立法和政策的方式来管理市场。

最终，欧肯走了“中间道路的经济政策”，提出了“竞争秩序”，也称“奥尔多秩序”。1939年，欧肯出版了《国民经济学基础》，这本书标志着竞争秩序理论的形成，以及弗莱堡学派的成熟，也奠定了他作为弗莱堡学派主要创始人的地位。

其实，那时欧肯以及弗莱堡学派在德国的处境并不妙。由于欧肯反对迫害犹太人并批判纳粹政策，他的犹太裔妻子遭到了纳粹党的迫害，三位弗莱堡圈子的朋友被拘禁，欧肯本人也多次被盖世太保传讯。

其实，《国民经济学基础》是对竞争秩序理论的研究，《经济政策的原则》则是这一理论的经济政策。后者是欧肯去世后，欧肯夫人与学生恩塞尔根据欧肯的遗稿编辑而成的，于1952年首次出版。

欧肯的竞争秩序是一种怎样的秩序呢?

欧肯解释称，竞争秩序是一种“有运作能力的、合乎人的尊严的秩序”。用他本人的话来说就是:“要求遵循经济的客观规律性只是竞争秩序的一个方面，它的另一方面在于同时要实现一种社会和伦理的秩序要求，将两者紧密结合正是竞争秩序的优势。”①

这段话不是很好理解，可以简单认为竞争秩序既符合市场规律，又关照人的伦理。

欧肯认为，公权和私权都可能滥用，从而危害经济自由。欧肯的竞争秩序，有别于当时的社会主义经济和资本主义经济，形成了“第三条道路”。

02
币值稳定为第一目标

当然，具体而现实的问题仍待解决：政府是否该干预经济？干预到什么程度？政府与市场之间的边界如何划分？如何约束央行的

① 瓦尔特·欧肯．经济政策的原则[M]．李道斌，冯兴元，史世伟，译．北京：中国社会科学出版社，2014.

货币冲动？在经济效率与公平分配之间如何兼顾？

欧肯认为，建立竞争秩序首先要制定一部经济宪法，通过经济宪法来约束公权和私权的滥用。所以，理解了经济宪法也就能把握欧肯这本书的精华所在，经济宪法包括7个原则。

第一个原则是保护有运行能力的价格体系。

“有运行能力的价格体系”是在强调让市场的价格机制正常发挥作用。欧肯非常重视价格机制的作用，他认为只有价格机制正常运行，才能保障市场自由竞争；如果做不到这一点，任何经济政策都会失败。

欧肯对市场的自由竞争中“自由”的定义是“无权力依附关系”，即自由受法律保障，公权力不能干涉。欧肯的秩序竞争也因此被称为“秩序自由主义”。

经济宪法的第二个原则为货币政策的首要地位，也就是央行必须把稳定货币币值作为其货币政策的首要目标。笔者认为，这一点是本书最重要的部分，也是解决目前世界债务问题和经济危机切实可行的办法。

早在1923年，欧肯就出版了《德国货币问题的批判考察》一书。这本书标志着欧肯与历史学派的决裂。其实，竞争秩序理论的建立，也是从研究货币制度开始的。

欧肯在书中写道：“只要币值的某种稳定性得不到保障，一切为实现竞争秩序的努力都是徒劳的。因此，货币政策对竞争秩序来说是占有优先地位的。”从这里可以看出，欧肯认为稳定货币是根本性的原则，是整个政策体系的核心。

什么叫优先地位？当央行的稳定币值政策目标与其他经济政策目标发生冲突时，或稳定货币与经济发展出现矛盾时，中央银行必须顶住来自各方面的压力，坚定不移地把稳定货币放在首要位置。这就是货币币值的优先地位。

为什么欧肯如此极度强调币值的稳定，这让我们有所不解。在现实中，大部分国家也并没有按照这个原则行事。

例如，美国的货币政策目标不只有稳定货币价值，美联储的货币政策要同时支持三个目标：就业、稳通胀和金融稳定。当前多数央行的货币政策目标在执行过程中，都难以把维持币值稳定总是置于其他需求之上。

为什么欧肯的币值稳定原则没有被大多数国家采纳呢？其中一个原因在于，当年的主流经济学界有另一套理论。

1958年，新西兰经济学家威廉·菲利普斯提出了著名的“菲利普斯曲线”。萨缪尔森将“菲利普斯曲线”改编后纳入麾下，作为新古典综合学派的理论大旗，这个理论的核心观点就是可以通过增加通胀来实现充分就业。

此后，美国按照这个理论来制定货币政策，每当失业率增加时，就推行更为宽松的货币政策，一开始确实有效。

但到20世纪70年代，美国陷入了前所未有的滞胀，无论发出去多少货币，经济都没有起色，这标志着菲利普斯曲线的破产。美国长时间执行凯恩斯式政策，将货币政策服务就业目标，终于付出了沉重的代价。

德国的政策在这一时期也倒向了凯恩斯主义。1967年，在经济衰退之际德国颁布了《促进稳定与增长法》。这部法律试图用“开明的市场经济”来替代社会市场经济，并推行凯恩斯主义的反周期调节政策。

该法的第一条就规定，各种经济和财政措施，要注意宏观经济的平衡要求。这些措施要有利于经济增长、价格稳定、高就业与外贸平衡。这就意味着，货币政策也要服从宏观经济增长或其他目标。这违反了欧肯的货币政策优先原则。

之后，德国为确保经济增长，实施了扩张性的财政政策，从而导致国家债务迅速增加。20世纪70年代，石油危机爆发，德国经济陷入高债务、低增长、高失业的困境。不过，德国人很快就意识到了问题，调控性的宏观经济政策被废止，这部法律也名存实亡，德国经济政策恢复到社会市场经济，经济得以复苏。

而美国走出滞胀泥潭的代价要高得多。在20世纪70年代，美国两届政府使用了各种经济政策都不奏效。直到1979年，保罗·沃尔克担任美联储主席后，不顾国内强烈的反对意见，一口气将联邦基金利率加到20%以上，美元应声大涨。

沃尔克这一举动可谓与世界为敌，由于美元急速升值，美国经济遭遇重创，失业率突破10%。

不过，沃尔克依然不松手，死死按住通胀这只“老虎”，就这样美国才得以走出持续了10年左右的滞胀泥潭。

回顾这段历史，我们对沃尔克铁腕治通胀的勇气和魄力佩服不已。而《经济政策的原则》后，我们可能会更钦佩欧肯对货币政策优先的偏执与英明。

欧肯的智慧对中国也有重要的参考价值，我们应该反思的是，货币政策的目标到底是什么？货币政策服务宏观经济目标以及其他各种目标是否恰当？

央行原行长周小川曾坦诚地说，对于中央银行来说，维持价格稳定的单一目标制是一个令人羡慕的制度，它简洁、容易度量、便于沟通，但对现阶段的中国不太现实，这与中国处于经济转轨中的国情是分不开的。

欧肯在书中说：“不是经济为货币作出牺牲，恰恰相反。”坚定不移地把稳定货币放在首位，这样做事实上是对其他政策目标的最大支持，也是对经济发展的最大贡献。

欧肯强烈要求货币政策优先，还有一个很重要的原因是，他非常担心货币政策这一公权力被滥用以谋私利。

他在书中说："一种非自动虚构的货币宪法有被滥用并造成通货膨胀的巨大危险。"经济集团利用通货膨胀的措施，如信贷扩张、货币贬值和低利率政策等，企图以"充分就业"为幌子获取经济利益。使用货币扩张手段获取集团利益，这种手段隐性而凶猛，令人教训深刻。

所以，欧肯和弗莱堡学派提出货币"区间论"，也就是为货币供应增长率确定一个范围。从1979年开始，联邦德国央行根据这个理论，明确了货币增长率的区间指标。这是德国马克一直保持稳定且强势的直接原因。

弗莱堡学派还要求央行向公众公布"货币目标"，以稳定市场的预期，并接受公众监督。自1974年起，联邦德国央行一直实行这种制度，且效果显著。

这两项政策，与弗里德曼提出的对货币增量目标固定且立法的举措，有着异曲同工之妙。只是弗里德曼的建议并未被美联储采纳，美联储依然采取凯恩斯主义的相机选择。

历史证明，美元价格的稳定性不如德国马克，美元的不稳定性间接诱发了2007年的次贷危机，两种不同货币政策发挥作用差异很大。

03
德国租赁住房的经验

在金融方面，弗莱堡学派不主张通过物价上涨、增加货币及税收等办法来筹集资金。他们主张利用银行信贷、股票、债券这三种自由市场融资，主张强化金融管制，不提倡创造过多的金融衍生品。

他们还认为发行人民股票是最优的筹资形式。所谓人民股票，就是将国企股份分配给国民持有，成为公众型公司。如今德国奔驰、大众都类似于公众型公司，这些公司的股权分散、股价平稳，并且独立董事会稳定。

弗莱堡学派的金融理论强化了德国金融政策的谨慎与公众的理性。德国法兰克福虽然是欧洲第三大金融中心，但实力远不如伦敦和苏黎世，更无法与纽约、东京相提并论。

货币谨慎主义、金融管控以及合理的房地产政策，让德国房价一直处于低位且非常稳定，房地产泡沫、债务率以及金融风险都不高，民众有房可住，属于理想的房地产政策。

纵观全球，除了新加坡等小国，大多数国家诸如日本、美国、英国、中国，都执行了房地产市场化政策。这一政策实施的关键是大规模货币支持，如2007年之前的美国次贷政策，又如中国的土地融资政策。

扩张性货币支持下的房地产市场，必然将整个社会推入高维生存的逻辑，即高房价、高债务及不稳定性。

然而，德国独具一格。

我们可以将其与美国对比：德国主要靠租赁市场，美国主要靠销售市场；德国深度干预房地产市场，美国则将房地产市场自由化，甚至证券化、货币化。

德国房地产市场比美国更稳定，德国民众为住房支付的成本比美国低，真正做到了安居乐业。

德国模式采用政府干预的租赁模式，不将房地产作为经济的支柱产业，而作为民生所需。但德国的土地是私有制，政府无法像新加坡一样大量供应土地，它提供的保障房极少。那怎么办？

德国政府主要靠鼓励各种市场主体供应租赁房源。德国住房租赁比率高达54.5%，房屋自有率很低。在柏林、汉堡等城市，租赁比率超过70%。超过一半的德国人没有自己的房子，靠租房居住。

二战后，德国百孔千疮，住房严重不足，1949年德国房户比不到0.65。当时德国政治家艾哈德推行经济改革，以保障民生、恢复经济为主，发展政府与市场相结合的“第三条道路”。

德国政府发动一切力量建房，推行《住宅建设法》对社会住宅和自有住宅的建设提供贷款、补贴、税收等优惠，住房大规模兴起。

私人、企业、合作社、教堂、政府都是建房的主体。其中，政府占比最少，政府提供的主要是廉租房，面向低收入者。私人自家房最多，占比达64.3%；房地产公司开发的占23.5%；住房合作社开发的占5.4%；政府和教堂的占6.8%。

可见，土地私有制促使土地及房源供给多元化，在一定程度可避免大型地产商垄断土地。

1978年，德国的房户比达到了1.21，住房供给出现了过剩。如今房户比在1左右，基本满足了居民的住房需求。

德国房子为何主要出租而不是出售?

二战后，在政府的资助下，大量房源入市，但居民购房需要长时间的收入积累，租房则不需要。因此大量的房源被租赁市场消化，由于房源供给多，房价和租金上涨压力不大，德国人逐渐习惯了租房。

在租赁市场中，38.6%的房源是居民提供的，40.4%是企业提供的，9.3%是住房合作社提供的，11.7%是政府和教堂提供的。

德国对房地产及租赁市场的管控非常严格。德国的公共福利，不会与房地产挂钩。同时，德国征收高昂的税费，严厉打击房地产暴利及投机行为。

德国政府规定3年内房租累积涨幅不得超过30%。2012年修改为不得超过15%。2015年又规定租金最大上涨幅度不得超过当地标准房租的10%。由于租房是刚需，租金收益率一直比较稳定，通常为4%~5%。

德国对房地产的销售其实也在限价。德国政府会出台一个基准价，如果开发商超过基准价20%销售，购房者可以起诉开发商；如果超过50%，开发商将面临巨额罚款和最高3年有期徒刑的严惩。

其实，德国模式关键是，政府通过补贴各种主体供应了大规模的房源，抑制了房价暴涨。慕尼黑、柏林人口相对集中，房源偏少，房价就很高。

德国的金融系统也不支持炒房。德国实行全能型银行，银行多支持实体，与大型实体联合，相对弱化证券市场。德国银行对购房者的收入、信用审核严格，首付比超过20%，经常在40%，远高于发达国家，甚至高于中国。

德国实行住房储蓄制度，居民与银行签订住房贷款合同，每个月存一笔钱，储蓄达到合同贷款金额的40%以上才能获得住房贷款。

这样看来，德国的租赁模式是德国金融体系、财政支持、私有土地、科学管理共同作用的结果。最重要的是，德国政府并不从打算从房地产中谋利，只将房地产作为居住民生问题来解决。

04 个人自由与有为政府

经济宪法的第三个原则是开放的市场，第四个原则是私有制，第五个原则是契约自由。这三个原则，分别从市场准入、产权制度以及契约制度上保障自由竞争。这些都是市场经济的主要及典型特征，此处不再赘述。

第六个原则是承担责任。欧肯认为，强化经济主体的责任，有利于投资理性以及自我约束。他在书中大力批判了有限责任公司制度，提倡无限责任。

或许，我们可以将欧肯这一理念理解为德国人的保守或过度谨慎。但是，每当人们处于危机之中后悔不已时，德国的稳定就会让我们想起欧肯的理性与远见。

第七个原则是经济政策的稳定性。欧肯将经济政策上升到经济宪法层面，从而避免了政策的随意性。政策随意性容易导致市场预期不稳定，从而影响价格与供求关系，引发市场混乱。这一点对于当下的中国来说也是极具参考价值的。

以上就是欧肯所推行的经济宪法的七个原则。可以看出，这是一部促进市场自由竞争的经济宪法。欧肯认为，政府的经济政策，应该更多地交给经济宪法，从而避免公权、私权滥用，保障自由竞争与社会福祉。

那么，政府能做什么，不能做什么？

欧肯对凯恩斯主义的逆周期调节政策，基本持否定态度。他认为，政府的职能应仅限于为企业创造自由竞争的环境。政府对经济应该保持最小限度的干预，绝对不能直接干涉市场行为，也不能妨碍市场自由竞争。

政府能做的和要做的事情，更多地体现在社会保障以及竞争公平性的维护上。欧肯在书中概括为四点：垄断问题、收入政策、经济核算和供给的反常行为。

所以，不能误以为欧肯不重视政府的作用。恰恰相反，欧肯倡导有为政府。

欧肯极为反对垄断势力，他认为垄断势力是私权的扩张，政府必须通过立法加以约束。同时，欧肯主张政府在收入调节方面促进社会公平，建立完善的社会保障体系，实行经济人道主义。

我们之前说过，欧肯将他的竞争秩序界定为“有运作能力的、合乎人的尊严的秩序”，其中运作能力代表着自由竞争，合乎人的尊严则代表着经济伦理及社会福祉。

在欧肯看来，经济政策的目标应该是“全民福利”，即保障生产效率、个人自由和人类文明生活。欧肯从小受到父亲的哲学熏陶，他将基督教伦理思想渗透到经济思想之中，与经济道德结合。

这不禁让人想起了亚当·斯密，作为哲学家出身的他，分别构建了伦理道德、经济道德两大思想体系。而欧肯更进一步，将二者结合构建了一部保护个人自由的经济宪法，为德国战后经济复兴以及社会市场经济的建立奠定了思想基础。

1949年，《德意志联邦共和国基本法》虽然没有明确提出“社会市场经济”，但该法的诸多内容，都是欧肯及弗莱堡思想的法制化呈现。本质上，《德意志联邦共和国基本法》是欧肯心中的经济宪法。

1990年，两德统一文件《国家条约》明确提出德国经济体制为“社会市场经济”。

如今，欧肯的思想已渗透到德国市场、法律乃至民众心中，足以令人欣慰。所谓侠之大者，为国为民，向富有人文主义情怀的欧肯致敬！

参考文献

[1] 瓦尔特 · 欧肯. 经济政策的原则[M]. 李道斌，冯兴元，史世伟，译. 北京：中国社会科学出版社，2014.

读《国富论》：亚当·斯密的继承、开创和遗漏

1767年，结束了欧洲3年游历的亚当·斯密返程回国，开始专心撰写一本经济学著作。

1776年，写作6年、修改3年的经济学巨著《国富论》(《国民财富的性质和原因的研究》) 终于完成，标志着经济学作为一门独立学科的诞生。

原本，亚当·斯密是凭借《道德情操论》一书中社会伦理领域的研究声名大噪，获得欧洲游学机会。途中，他结识了许多著名的欧洲大陆学者，重农学派的创始人魁奈、杜尔阁对其影响巨大。亚当·斯密吸收了重农主义“自然秩序”的思想，以理性思考的方式来探索生产与交换中的市场运行。

当时，自然科学和社会科学正处于大分流时代，很多学者都像亚当·斯密一样身兼数职，既是哲学家又是经济学家或者科学家。但是，他却是将当时将经济学思想成果融会贯通、独立著作成系统的第一人。

将《国富论》看作经济学理论的开山之作，无人会反对。本部

分笔者偏向于用比较的视角来再读《国富论》，原因有三：

首先，亚当·斯密在研究《国富论》之前有社会伦理学的基础，而他在《国富论》中采用了完全不同于《道德情操论》的理论基石，他是如何处理社会伦理与经济学两种思想的冲突和继承的呢？

其次，亚当·斯密在《国富论》中所提出的关于劳动分工、价值论、货币、价格、赋税等论述都不足为奇，在他之前也不乏学者论述。那么，《国富论》的开创性体现在哪里？于是，笔者将《国富论》中所提理论与前人论述相比较。

最后，即便是伟大的思想家，也免不了时代的烙印。亚当·斯密作为古典经济学派的集大成者，是否会忽略和止步，原因又是什么？这又给《国富论》和经济学历史带来哪些遗憾？笔者愿意对此进行一些探讨。

01
分工与劳动价值

《国富论》开篇就讲了劳动分工，结论是“分工会产生普遍富裕”，这个观点现在已经深入人心。其实，在斯密之前，休谟、杜尔阁、孟德维尔、哈里斯、配第以及斯密的老师哈奇森都论述过分工。

在格拉斯哥大学期间，斯密跟着哈奇森学习道德哲学。哈奇森认为，分工对于经济增长非常重要。专业化生产相对于孤岛上的低微的生产力具有巨大的优势。他还认为，发达的分工意味着有更为广泛的知识交流，从而会促进机器在生产中发挥更大的作用。

荷兰经济学家贝尔纳德·孟德维尔也指出，分工是增加财富最有效的办法，他还谈到了国际分工。

斯密对此的发展是，将分工认识为“经济增长的秘诀之一”。后来的经济学家称这种方式为“斯密式增长”。经济学家熊彼特指出，此前没有任何经济学家将分工对经济增长的影响提到了如此具有决定性的高度。

斯密深入解释了产生分工的原因。他认为分工是人类的本能倾向，即“互通有无，物物交换，相互交易”。同时，他认为分工的程度会受到市场规模的限制，如果市场太小，分工程度就很低，比如不能因为一个人需要一台汽车而去建一个塑胶厂、玻璃厂、钢铁厂。

如果市场规模很大，就会促进分工更加精细化。中国拥有广大的市场，有助于国内企业提高分工水平。同理，国际市场更有助于分工精细化，从而促进生产力和技术的提升。分工理论后来在产业分工和国际贸易中得到了延伸发展。

斯密同时认为，分工并不是全无缺点，过度的分工容易导致知识和道德退化。后来不少人就以此观点来批判资本主义的机械化分工忽略人性，将工人等同于机器，将矛头指向泰勒科学管理制度下的工厂。

当分工确立后，如果没有货币，交易将变得极为困难，所以斯密继而在书中论述了货币的起源。为了研究货币，斯密收集了不少国家的货币，最后他得出的结论是，货币起源于普通商品。

之后的经济学家几乎都继承了斯密对货币起源的论述。货币的价值问题，其实也就是商品的价值问题，这就涉及一个很重要的理论——劳动价值论。斯密之前和之后的经济学家对此均有论述。

劳动价值论的最早提出者是英国古典主义先驱威廉·配第。配第是一个才华横溢的经济学家，他最早提出劳动价值论，并在劳动价值论基础上研究了工资、地租、利息等经济学理论。

关于劳动价值论，配第有一句经典名言：“劳动是财富之父，土地是财富之母。”他认为，劳动是考察物品价值的重要指标。

斯密继承了配第的劳动价值论。他虽然觉得劳动很难被衡量，但依然认为劳动才是衡量价值唯一准确和重要的尺度。斯密总结，商品的价格由劳动者的工资、土地的租金、资本的利息这三个要素构成。

19世纪中后期，边际主义崛起，效用价值论颠覆了劳动价值论，成为经济学的主流观点。

其实，在斯密时代，效用价值论就已经出现雏形，劳动价值论并非当时唯一的价值论主张。当时，一些经济学家坚持相对中立的观点，其中非常著名的一位叫理查德·坎蒂隆。

坎蒂隆比较神秘，是法国的银行家，他曾在约翰·劳制造的密西西比泡沫中赚了一大笔钱。

在1730年前后，他写成了《商业性质概论》一书（1755年正式出版），这本书比《国富论》早46年面世。在《国富论》出版之前，这本书是影响力最大的经济学著作，也是对政治经济学论述最全面的作品。

重农学派经济学家、休谟和斯密都研究过这本书。英国经济学家杰文斯称《商业性质概论》是"第一部经济学论著"。奥派经济学家因这本书将坎蒂隆称为"现代经济学之父"。

斯密也受到了坎蒂隆的影响，在工资理论及劳动市场方面，斯密几乎全盘接受了坎蒂隆的主张，并且他还用坎蒂隆的理论解释了人口增长与工资水平的关系。

当时，坎蒂隆的价值理论其实更为综合和全面，他同时关注了供给与需求两侧。坎蒂隆认为物品存在内在价值，但是却常常不能按这个价值在市场上出售。物品的售价还取决于人们的兴致和想象，取决于人们的消费量。

他举了一个例子，美国人去欧洲销售海狸皮，运输成本非常高，价格也很昂贵，但是欧洲人愿意购买，因为欧洲人认为海狸皮帽子更加轻便，看起来漂亮，摸起来舒服。这个例子就同时包含了劳动价值论和效用价值论双重思想。

法国经济学家杜尔阁也提出了效用价值论思想，他甚至洞见了边际效用递减规律。他曾经这样说过："当野蛮人饥饿时，他对一块猎物的估价要超过对最好的熊皮的估价；但是如果他的肠胃已经填饱了，面临着寒冷，那么对他来说更有价值的东西就变成熊皮了。"[①]

在此基础上，杜尔阁提出了与斯密、马克思完全不同的等价交换原理，他说人交换的唯一动机是获得的东西的估价高于放弃的东西的估价。这其实就是溢价交换理论。这个价，是交换双方心理的效用。杜尔阁这一理论，显然比斯密更富有洞见。

但是，为什么后来斯密的劳动价值论大行其道呢？斯密其实也研读过坎蒂隆的《商业性质概论》，但是他却抛弃了效用价值论的思想。其根本原因是当时社会的生产力过于低下。

当时的物资供给相对短缺，生产、成本、供给才是最重要的，也是现实价值来源。但到了19世纪中后期，随着生产力快速提升，商品剩余的情况大量出现，并引发了多次过剩危机，这时经济学家才开始关注需求端，并提出了效用价值论。

---

① 亚当 · 斯密. 国富论[M]. 孙善春，李春长，译. 北京：作家出版社，2017.

斯密忽视了效用价值论，这或许是时代的必然。后来，奥地利学派采用效用价值论全盘否定了劳动价值论，他们甚至认为斯密的劳动价值论将经济学带入了歧途。

不过，面对确定货币这一“商品”的价值时，坎蒂隆坚持了劳动价值论，斯密接受了这一主张，坎蒂隆认为货币是商品的一个特例。他的理由是，政府的纸币和银行券没有生产成本，所以没有内在价值。但是，当政府的信用较高时，市场的力量会维持这种凭信用发行的货币的价值，使其面值与金银的价值相符，以此来保证纸币可以兑换。

不过，大多时候，政府都经不起诱惑，会滥发货币。坎蒂隆亲身经历过著名的密西西比泡沫，此后他对纸币及货币当局的信任度大大下降。

而且，坎蒂隆还观察到，当货币超发时，货币增加导致的物价上涨，并不是统一增加的，而是在不同领域逐步增加的。这个理论显然比后来的古典主义者更切实际。

另外，坎蒂隆提出了非常重要的货币及国际收支均衡主张。后来，斯密最好的朋友休谟在坎蒂隆的基础上，创立了著名的“价格—铸币流通机制”理论，这是最完善的国际收支平衡理论。但是，斯密并没有将视野扩展到国际收支理论，《国富论》中也没有提及这一重要的理论。

02
增长与自由市场

在整本书中，斯密都坚定地阐述他的自由放任、自由竞争的思想。他使用了“看不见的手”的隐喻，来表达自由市场的资源配置力量。

在斯密之前，政治经济学家们对自由主义经济思想的研究已经非常深入。比如休谟的自由思想，对斯密的影响非常大。还有坎蒂隆，强调市场的自我调节与市场均衡。

对斯密自由主张影响最大的应该是法国重农学派。斯密在法国居住了3年，结识了魁奈、杜尔阁等一批重农学派经济学家。当时，重农学派是主张自由放任、自由贸易最有影响力的经济学家群体。

“自由放任”的意思是“不要政府干预，让人们做他们喜欢做的事情”。重农学派的阿戎松侯爵被认为自由放任思想的先驱之一。他主张“最好的政府管事最少”。阿戎松认为：“每个个人都应为自己的利益努力，而无须忍受限制和计划不周的防范措施。每一件事都会完美地运转……”①

① 让 · 巴蒂斯特 · 萨伊. 政治经济学概论[M]. 赵康英，译. 北京：华夏出版社，2014.

杜尔阁认为，在自由市场中的个人利益必然总是与普遍利益相吻合。他说："买和卖的普遍的自由是唯一的手段，藉此既可以保证卖者得到一个足以鼓励其生产的价格，也可以保证消费者以最低的价格买到最好的商品。""政府应该总是保护买者购买和卖者出售这样一种自然的自由。"①

杜尔阁在担任法国财政大臣时，他的第一个法案就是判令谷物进出口自由。杜尔阁曾说过："无论少数自利的商人收集了什么样的诡辩论，真理只能是：所有的商业领域都应当获得自由，同等的自由，完全的自由……"杜尔阁写了一首诗："我不是一个百科全书派，因为我相信上帝；我不是一个经济学家，因为我没有国王。"②

杜尔阁甚至指出市场的声誉机制，他认为一个商人如果不顾信誉，最终会因为他的欺诈受到惩罚。市场原教旨主义者认为，因为市场有声誉机制，所以政府不需要干预。在今天看来，这种主张还是过于理想主义和极端。

重农学派提倡的自然秩序、税收、商品与货币的循环关系以及对重商主义的批判等，在《国富论》发表之前都有详细论述。亚

① 亚当·斯密．国富论[M]．孙善春，李春长，译．北京：作家出版社，2017.

② 孟德斯鸠．论法的精神（上下卷）[M]．许明龙，译．北京：商务印书馆，2012.

当 · 斯密很好地吸收了这些经济学家的自由主义主张，他在书中指出：“一种事业若对社会有益，就应当任其自由，广其竞争。竞争愈自由，愈普遍，那事业就愈有利于社会。”

这一庞大的思想体系，可以具体分解成几个方面来理解：

第一个方面是，政府少干预，“小政府主义”。

斯密用了“看不见的手”这一隐喻来论证，市场不需要政府干预，也可以在“看不见的手”的指引下高效配置资源。斯密并没有明确指出这是市场规律。只是后来的经济学家认为，斯密的“看不见的手”隐喻了市场规律。值得注意的是，“看不见的手”，这个隐喻早在《道德情操论》中就出现过。

“看不见的手”的地位，在20世纪初被后来的经济学家拔高。诺贝尔经济学奖得主阿马蒂亚 · 森的夫人，经济史学家艾玛 · 罗斯柴尔德（罗斯柴尔德家族成员）认为，斯密的“看不见的手”被误读了。

在这方面，重农学派创始人魁奈提出的概念比斯密更加明确，更接近市场规律。法国皇太子曾向魁奈抱怨做国王的艰难，但魁奈不以为然。皇太子问：“假如你当国王，你会做什么？”魁奈回答：“什么也不做。”被问及谁将统治这个国家时，魁奈神秘地说：“法律。”他说的法律，是指自然法，更接近规律。

魁奈写过一本书叫《自然法》，书中写道：“每一个拥有自然权利的人，都可以自由使用其才能，只要不伤害他自己或其他人。这种自然权必然会导出财产权。”

不过，斯密主张的自由放任，并不是说政府不管理市场。斯密的追随者们往往放大了斯密的自由放任主张。

其实，斯密在《国富论》最后一篇中论述了政府应该有所作为，比如国防、司法、公共教育、公共工程、征税等方面。

第二个方面是均衡范式。

斯密并没有在《国富论》中明确提出均衡范式，但其大量论述的自由市场交换系统实际上就是一个均衡体系。斯密也因此开辟了古典主义经济学的范式，这一范式在新古典主义中得到强化，对经济学影响深远。

在这方面，重农学派提出的“自然秩序”对斯密启发很大，斯密也全盘吸收了重农学派的主张。1758年，魁奈在其为国王所著的《经济表》中，描述了在一个理想的、自由竞争的经济体中，商品与货币的循环流动，像“自然秩序”一样简明、有序。

经济的自然秩序启发人们思考经济运行的规律，推导出自然赋予劳动者获取劳动成果的权利与“自由放任、自由通行”的信条。

值得注意的是，《经济表》提出了很多现代经济学意义的概念和理论，如总量、投入—产出分析、计量经济学、对均衡的描述、乘数思想等。

《经济表》和“自然秩序”对斯密的影响很大。斯密和魁奈都是牛顿的追随者，他们都崇尚牛顿的机械天体观，注重均衡体系。

在重农学派的均衡体系中，土地是唯一的生产资料，斯密则强调土地、资本和劳动力三者都很重要。

后来的经济学家，尤其是瓦尔拉斯，大大地发展了均衡思想，将经济学真正带入物理主义和数学实证的道路。均衡范式以及实证研究方法的好处是，可以用更加科学的方式发展经济学理论。同时，实证研究可以最大限度地理解经济世界的宏观联系。

但是，均衡范式有没有什么问题呢？

均衡范式容易陷入机械、静止以及理想主义的死胡同，具体表现为理解不了经济世界的因果关系。斯密开创的古典主义有一个非常大的硬伤，他们回答不了“为什么”的问题。比如，为什么经济会增长？为什么经济会衰退？为什么会发生通货膨胀？为什么会发生失业？

早期的经济学家，如萨伊，是否定经济危机的。还有马尔萨斯，因为理解不了经济为什么会增长，才开创了错误的“人口理论”。均衡范式导致了经济增长理论发展长期滞后，直到20世纪80年代，经济学家才彻底搞清楚经济为什么会增长。

均衡范式是一种宏观的、科学主义思维，它无法解释微观的变化，更无法接受突破性。斯密的均衡范式只接受客观性的东西，如土地、资本和劳动力。在他看来，劳动力只是普通工人，没有过人的智慧和技术。

虽然他在《国富论》中发现了熟练工人和知识积累的价值，但是他又很快否定了技术工人。为什么？因为技术进步会带来规模递增，而规模递增会打破他的均衡范式，甚至会引发垄断，与他自由竞争的理念相违背。

后来的经济学家马歇尔将斯密这个矛盾概括出来，人们称之为“马歇尔悖论”。这导致经济学家很久才发现技术进步、知识积累以及企业家的价值。即使发现了技术力量，他们也一直排斥技术，认为它是一个外生变量，是不确定的东西，对均衡范式有伤害。所以古典主义经济学家做学术时，往往把技术假定为不变，这样他们就很难发现经济增长的根源。

斯密之前的经济学家反而没有思想限制。坎蒂隆认为，土地、资本和劳动都是原始的生产要素，但是他和杜尔阁都发现了企业家才能的价值。企业家才能的发现，实际上就承认了知识的力量，也从微观上发现了经济进步的根源，同时打破了均衡体系，关注不确定性。

投机家出身的坎蒂隆提出了不确定性以及关注企业家，他论述了企业家在不确定性市场中的功能和作用。德拉卡列的《商人的指南》就是经济学史上最早、最全面系统论述企业家（书中称“商人”）的著作。

遗憾的是，斯密有意做了取舍，他坚持了均衡范式，放弃了知识、技术以及企业家的进步力量。这是早期经济学的一大遗憾。

03
利己和经济道德

几千年来，社会精英都极力强调个体及社会道德的塑造。作为一名关怀人类命运的哲学家，亚当·斯密起初也是按照这个思路，写出了《道德情操论》。

在《道德情操论》中，亚当·斯密试图用同情心的基本原理来阐释正义、仁慈、克己等一切道德情操产生的根源，进而揭示出人类社会赖以维系、和谐发展的基础以及人的行为应遵循的一般道德准则。

这部著作一经出版，在社会伦理学和哲学领域都得到了追捧，亚当·斯密也借此跻身英国一流学者之列。

不过，当亚当·斯密游历欧洲大陆，接触到政治经济学，尤其是重农学派时，他发觉人类社会体系还存在另一个基础，那就是与同情心相对的利己之心。

当时的经济学者们研究的都是生产、交换、货币、价值等经济现象，没有一位经济学家从人性的角度去思考这些行为的根源。亚当·斯密沿着过去研究《道德情操论》的基础，又为人类的经济行为找到了一个理论基础，那就是利己之心。后者则成为他在《国富论》中推崇的自由放任、自由竞争市场的交易基础。

利己之心，很多人理解为私心或自私自利，不管怎样理解，自利始终是人性中固有的部分，就像同情心一样。亚当·斯密能够接受利己之心这一价值主张。他甚至发现，人性中的利己之心比同情心更加可靠。我们的同情心大多给了我们身边和熟悉的人，但是市场交易对象之广泛和陌生，同情心无法构成交易交换的基础。

他在《国富论》中这样写道："我们每天所需的食物和饮料，不是出自屠户、酿酒商或面包师的恩惠，而是出于他们自利的打算。每个使用资本和劳动的个人，既不打算促进公共利益，也不知道他自己是在什么程度上促进那种利益。他受一只看不见的手的指导，去尽力达到一个并非他本意想要达到的目的。通过追逐自己的利益，他经常促进了社会的利益。"

当时，亚当·斯密接受利己之心是不容易的。不管是神学还是社会伦理学，都将自利列入道德败坏的名册。亚当·斯密能兼收并蓄，包容这两种不同的思想，并在各自基础上建立不同的学科体系，足以见得其思想有跨学科、跨时代的前沿性。

其实，《国富论》和《道德情操论》相比，前者的学术严谨性远不如后者。这两本书出版时间相隔17年，但是，它们又是交替创造、修改再版的两部著作，从书中可以清晰地看到亚当 · 斯密在这两种完全不同又相互关联的体系中反复对比和修改，尤其是对《道德情操论》的修改较为明显。

在思考这些问题的时候，我们能看到处在矛盾中的亚当·斯密。比如，他提出了一个让人难以回答的问题：我们应该喜欢一个道德败坏而勤奋的人，还是一个善良而懒惰的人。

《道德情操论》和《国富论》给出了人类社会维系及延续的两种不同的解决方案，前者基于人类与生俱来的同情心，后者基于人类与生俱来的自利之心。一种是伦理道德，一种是经济道德；一种是人为建立的社会秩序，一种是市场形成的自然秩序；一种强调社会福利公平，一种强调资源配置效率。200多年来，政府与市场的博弈，公平与效率的争论，本质上就是这两大思想互为矛盾又相互制衡。

这两大思想实际上代表着不同的价值主张及社会体系。

基于利己之心的经济道德则主张个人主义、自由主义、私有财产、自由竞争、自然秩序等，这种市场秩序并不需要人为或者政府来组建，而是自然形成的。

亚当·斯密主张的经济道德实际上跳出了几千年来教义伦理的范畴，从另一个角度来解决人类延续的问题。

在经济系统中，素不相识的酿酒商、面包师都在关心你喜欢喝什么酒、吃什么口味的面包，有趣的是他们在让你称心如意、心满意足的同时，自己也获得了利益，或者说出发点就是为了自己获利。

在原来的农业社会体系中，人口基本不流动；在熟人圈子里，伦理道德其实是很有效的，甚至可以说是社会延续的基本解决方案。

但是，在工业时代，人口大量流动，人与人之间的关系已经彻底改变，市场交换极大地促进了陌生人之间的接触、交易以及协作。原有的伦理道德土崩瓦解，社会信用体系也被冲击，那么在这种市场经济社会，又该建立什么样的道德体系呢？

亚当·斯密敏锐地发现，以利己之心构建的经济道德以及市场规则，是陌生人大规模协作的运行法则。正因如此，亚当·斯密的《国富论》才成为资本主义自由经济的理论基石。

亚当·斯密告诉我们，在市场中，你只要按照自利原则行动，“看不见的手”就会帮助社会实现福利最大化。

所以，亚当·斯密的伟大之处在于，他除了秉承哲学路径找到道德情操的传统方案，还开创了人类社会延续的另一种解决方案。与之前的经济学家相比，亚当·斯密在《国富论》中的伟大贡献是，从最低层，也就是人类自身的利己之心出发找到了经济学理论的基石，还从最顶层，也就是人类社会延续的高度思考了经济学的使命。

亚当 · 斯密这两种看似截然相反的思想告诉我们，在今天的市场经济社会里，亲人、朋友、熟人之间需要更多的爱心、善念、同情心，跟陌生人之间协作则更多地遵循利己原则，如果搞反了就容易出问题。

但是，亚当 · 斯密对市场规律的认知与表述，是远不及重农学派的，甚至他在《国富论》中也并未表述过市场规律、市场秩序这些概念。而重农学派的魁奈则生动地描绘出了市场交易的循环图，甚至以“规律”二字指出了经济运行的本质。

归根结底，亚当 · 斯密不可能在自己的学术思想范畴里跳脱太远。他的学术思想，主要来自斯多葛主义伦理学和他的老师哈奇森的基督教美德思想。亚当 · 斯密在格拉斯哥大学多年的讲义中最重要的部分就是“自然神学”，即斯多葛学派和哈奇森的基督教思想。

由于亚当·斯密追求完美，在临终前他嘱咐将其全部手稿烧毁，也包括自然神学这份，我们无从考证亚当 · 斯密这份手稿的具体内容。但是，从斯多葛学派的主张可以推断出，自然神学应该是关于宇宙的先定和谐的理念。

从当时以及亚当 · 斯密的学术背景来看，《国富论》中“看不见的手”最可能的解释是自然神学，也就是由神设计的市场自然秩序。亚当·斯密对神学思想的推崇，从他对这两部作品的评价中可以看出。他认为《国富论》是一部远比《道德情操论》低级得多的作品。这个评价可能大大出乎大家的意料。

现在很多人误以为，市场的自利思想是斯密发明的。其实不是，在斯密之前，利己主义是欧洲非常著名的一个哲学流派，著名哲学家霍布斯就坚持利己主义。杜尔阁曾说过，自利是经济行为的主要推动力。

当时最著名的利己主义者应该是英国哲学家伯纳德·曼德维尔。曼德维尔写过一本非常流行的书，叫《蜜蜂的寓言》。这本书的核心思想可以概括为“私人恶德即公共利益”。

怎么理解呢？曼德维尔认为，私欲的“恶之花”结出的是公共利益的善果。这就是著名的“曼德维尔悖论”。

《国富论》这本书内容翔实，斯密为了论述一个主张往往会引用大量的事例和数据。但令人感到奇怪和遗憾的是，斯密没有对当时英国正在爆发的工业革命做描述和分析，甚至对现实的工业经济惜墨如金。书中很多数据和资料来自前人的记载，当时经济的一手资料却很少。

斯密一直被认为是经济学之父，《国富论》的出版意味着现代经济学的创立。从经济学发展的历史来看，边际主义、德国历史学派、凯恩斯主义、苏联计划经济都对斯密学说做出过批判，但他的地位依然很难被动摇，这些学派依然承认斯密是经济学的开创者。

只有奥地利学派对斯密的批判比较特别。在他们心中，斯密不但不是经济学的开创者，还将经济学带入歧途。奥地利学派认为，坎蒂隆和杜尔阁更应该是经济学的开创者。

奥地利学派的罗斯巴德在《亚当·斯密以前的经济思想》中详细论述了斯密学说和奥地利学说的起源、理论与方法论。他认为，斯密学说源于苏格兰启蒙思想和新教思想，而奥地利学派源于古希腊、古罗马、西班牙经院哲学和天主教。实际上是两大不同的宗教和思想流派在经济学领域的发展。罗斯巴德对斯密的批判有些极端，他甚至轻蔑地认为，斯密是一个剽窃成瘾的学者。

但细读《国富论》会发现，斯密是一个集大成者和学派开山者。他认真地吸收、分析前人的主张，博采众长，建立了前所未有的、丰富多彩的经济学体系。但同时，他的体系也不完美，这种遗漏无法跳脱时代，也成为经济学史上的遗憾。

通过比较的方式，认识一部不一样的《国富论》。

参考文献

[1] 亚当 · 斯密. 国富论[M]. 孙善春，李春长，译. 北京：作家出版社，2017.
[2] 默瑞 · N. 罗斯巴德. 亚当 · 斯密以前的经济思想[M]. 张凤林，译. 北京：商务印书馆，2012.
[3] 汪丁丁. 经济学思想史进阶讲义[M]. 上海：上海人民出版社，2008.